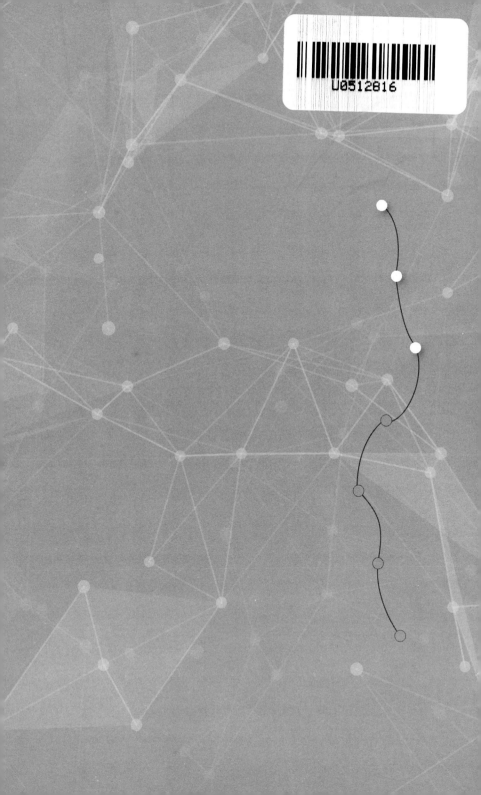

我把诺奖颁给你 [上]

第一届黑马星期六上海文学新秀选拔赛获奖作品选

零杂志 / 编

世纪文景

世纪出版集团 上海人民出版社

黑马星期六 · 上海文学新秀选拔活动（简称黑马大赛）是一场专门针对上海地区高中生的全新写作赛事，由上海市作家协会主办，其宗旨是在广大中学生写作爱好者中挖掘有潜力的人才。

它虽然针对中学生，却不是作文比赛，而是带有文学性质的写作比赛，所以相比以往那些传统的"作文比赛"，它在比赛环节设置、竞赛形式和作品要求上，都做到了有目的性和针对性的标新立异——

传统比赛"老师推荐好学生" VS 黑马大赛"喜欢写作就来现场报名"

传统中学生作文比赛，参赛选手往往是语文老师从平时作文比较好的学生里选几个，推荐参赛。

黑马大赛除此之外，也很注重普通学生自发参与，因为写作很好的学生，未必传统作文好，而黑马大赛就是要找到这种"功夫在作文之外"的学生。所以黑马大赛开赛前，会有比赛海报进驻校园，学生可以直接用二维码扫描"预约"参赛，也可以直接当天去现场报名。无论是预约，还是即兴前往，只要喜欢写作，黑马大赛的大门随时敞开。

传统比赛"一稿定胜负"VS 黑马大赛"白马过隙 & 黑马逆袭"

大部分作文比赛都是现场写一篇作文上交，然后就等着公布名次。这种一稿定胜负的传统制度，并不能看出一个作者的真实水平。

所以黑马大赛特设白马／黑马制度，在第一轮比赛中，得分在前50%的进入白马组，后50%的进入黑马组。黑马组选手可以继续参加第二轮比赛。第二轮打分之后，白马组再一分为二，前50%进入下一轮白马，后50%成为新的黑马选手。原来的那群黑马，只要分数达到白马组前50%的及格线，即可继续留下，未达标的才彻底淘汰。

如此循环往复，每个选手都有一次逆袭的机会可以留下。到最后，白马组和黑马组各只剩下三个选手时，决出黑马组第一名和白马组第一名，然后评委会在两人之间选出总冠军。

传统比赛"命题作文 N 选 1" VS 黑马大赛"七轮题目七次考验"

无论是高考作文，还是作文大赛，一稿定胜负时，选手拿到的题目要么是一个标题，要么是材料作文，让你 N 选 1。

选手还需要审题，还需要揣测出题人想法，以及考虑光明面、积极面。

比谈个恋爱还累！

黑马大赛，一共比七轮，看似漫长，但每轮的出题都很明确地告诉选手，我要测试你的什么能力——想象力、故事结构、故事角度、对细节的描写、文学阅读趣味、对白能力……

选手不要去猜我在考你什么，因为组委会都白纸黑字写出来了，就看选手有没有能力通过测试。

真金白银，一试就知道。有的选手把《我把诺奖颁给你》这样的题目也能写出穿越宫斗，明显就是露怯了。

留到最后的，都是各方面素质过硬的高手。

传统比赛"作文纸和监考老师"VS 黑马大赛"笔记本电脑、耳机线和巡视组"

普通作文比赛，一支笔，一打作文纸，手表、一瓶水，似乎已经是奢侈极限。

黑马大赛是为文学写作者设置的竞赛，在有限条件下为选手的自由度发挥最大可能，同时考虑到现在的同学手写字水平参差不齐的现实，为了评委看稿方便，让选手都自带笔记本电脑来，打在 word 里，存在 txt 里，每个人的字都是一样好看。我们不会再错过一个文笔好、字写得烂的写作者。选手更是可以在比赛时用耳机听音乐、看电影、吃零食、打坐、冥想、睡午觉，只要不用手机电脑上网找文章、不打扰其他选手，做什么都可以。

比赛期间也有工作人员随机巡视，防止个别选手把电脑里已有的文章修改后当做作品。

当然，因为每轮的题目都很奇怪，选手也很难套题，一套题就容易被评委发现。

传统比赛"老师打分"VS 黑马大赛"严肃的专业评委＋任性的大众评委"

黑马大赛的评委组成非常科学，除了有资深编辑、作家、文学评论人组成的专业评委组之外，还从五所高校各找五个平时喜欢读书的大学生，组成25人的大众评委。专业评委看稿需要通篇看完，每篇文章满分10分；大众评委完全根据兴趣来看稿，看到一半觉得不好看，甚至看个开头就没兴趣的，就可以不看，直接打分——2分（好看）、1分（还可以）、0分（没感觉）。每个选手都会知道自己的专业分和大众分，也就从而知道自己文章的走向和特点了。

综上所述，黑马星期六大赛，是一场前所未有的创意写作赛事，我们不为标新立异而标新立异，而是目的明确地用21世纪的手段来挖掘和考察青少年写作爱好者的素养和能力。我们深信通过这场脑洞大开的比赛，会找到更多有意思的写作者！

目
录 CONTENTS

第一轮

我有一个朋友

白马

陈天慧　　　　李冰倩
芮　雪　　　　王朝阳
潘　震　　　　李健皞
钱小琳　　　　程洁帆
黄忻彦　　　　焦怡迪
强　薇　　　　杨　阳
穆　然　　　　张予立

陈天慧
市北中学

达拉没有朋友。人们总笑他："你看那个人总是一个人独来独往，也不同别人讲话，真是奇怪呀。"随即转过头，哈哈地谈笑别的去了。达拉扭过头，看到他们眼角虚伪的光和合不拢的嘴巴，立刻转过头，揉了揉眼睛，朝他们站过的地方啐了一口唾沫，又抓了抓自己很久没剪过的头发，头发有一些些的长，扎得脖子有些刺刺的疼。达拉拢了拢军绿色的大衣，嘴里碎碎地念着："谁说我没有朋友，没有朋友怎么能活呢！"他把头用力地扭向身后，随即咧着嘴，恨不得把嘴角咧到耳根子那里去，然后得意地吹着口哨，朝着家门口走去。

达拉家门口有一盏灯，天黑了便自觉地亮起来，天亮了又兀自暗下去。

达拉喜欢透过厨房的那扇窗看着灯亮亮暗暗地自己游戏。灯亮了，达拉便想，若是我站在灯下，我的影子该有多长呢？大约会拉得很长吧，有两个我这么长，达拉自顾自地想。忘了说，影子就是他口中的朋友，唯一的朋友。

天快亮了，冬天的阳光总是来得慢一些，达拉起来的时候还是一片黑，天突然就亮了，像是一下子亮起来的，是那种近乎空洞的白。天亮的一霎，门口的灯突然灭了。黑夜里唯一的光就这样，随着天光渐起，消失得无影无踪，那样决绝，不留情面。达拉的心像是空了一块，他有些沮丧，尽管他知道天黑的时候，灯依旧会守时地亮。习惯性地看了看身后，白色的瓷砖泛着略显刺眼的光，他忽然没来由得有些害怕。

达拉很在乎自己的影子朋友，影子就像是他生命的一切。他说：有光的地方就会有朋友的。他喜欢站在有光的地方摆弄他的影子，影子时长时短，就像是真的在认真思考着达拉问出的那些奇奇怪怪的问题。

达拉生活在钢铁城里。他烦透这些高高低低的水泥怪物，它们总是挡住了阳光，以致他看见影子朋友的时间越来越少。巨大的阴影挡住了达拉瘦小的影子，达拉在路边漫无目的地踢着细碎的小石子，咒骂着。左一脚，右一脚，小石子认命地滚着，却又在不经意间偏离了轨道，向路的那一边滚去，达拉本能地想去追，一辆大卡车呼啸而过，留下的尘土眯了达拉的眼，达拉的眼有些湿了，他想，钢铁城里的人没有阳光，没有朋友。"没有朋友怎么能活呢！"他低声说着，细小的影子长长短短，好像在用力地点着头。

达拉想逃，逃到能经常看到影子的地方。想到便做了。窗外是浓厚的夜色，他急吼吼地翻出床底落满灰尘的小皮箱，又草草地在箱子里随手塞上几件衣服，头也不回地把门甩上，走得那样急，就像灯灭的时候那样，不留情面。走之前，他提着小箱子站在了家门前的灯下。灯光从他的头顶斜斜地打下来，是黄色的。冬天里的晚风很凉，像是尖刀一样，一下一下地吹着。达拉冷得缩了缩脖子，抖了两下。但他却觉得暖，大概是在黄光的笼罩下吧。他看到了灯下的影子，有两个自己那么长，剪影里的男人很是修长。他眼里有一闪一闪的光，脸上的表情有些复杂。有一份的感动，三份的满足，五份的激动，还有一份说不上来的东西。

达拉去了若落乡，那里没有高高低低的水泥怪物，没有呼啸而过呛人的烟尘。这里的天很蓝，他突然有些后悔了，后悔走得太急，没来得及带上相机，把这纯色的天空记录下来。他抬起头，使劲地看了几眼，没有相机，那就把它记在脑子里。影子平静地落在地上，一动不动。达拉猜想，他一定也是被这里的好风景迷住了吧。这里有小小的木屋子，木屋子里住着漂亮的女孩子。她的影子很长，两根麻花辫翘翘的，走起路来，就跟着上下上下地抖起来。达拉喜欢极了，扭着头跟影子叨叨念念地说着，那根又黑又粗的麻花辫可真好看，不像城里的女人们总带着理发店恼人的药水味。影子跳动了两下，似乎示意着他也是这么想的。风轻轻地吹，不是尖刀一样的刺，是丝绸一般柔柔的触感，一下一下，拂过他的脸颊。他的心开始像春水一般，化作一摊，他有些醉了。影子的边缘有些模糊，像是融在了这乡间的土地里。

钢铁城里是冬天，这里是夏天。

这里的夏天有赶不走的蚊子，一群一群地飞，随口就能吸进几个，达拉却乐此不疲地被蚊虫一次又一次地骚扰。红红肿肿的点，有些酸酸痒痒的，但达拉固执地认为这是一种生命的体验。达拉很高兴，这是他在钢铁城里从未体验过的感觉。影子默默地躺着，不再上下跳动。达拉和影子的话渐渐少了。达拉四处走走停停，也顾不上影子是不是在身后紧紧跟着。

他喜欢默默地看着阿夏在田里深一脚浅一脚地耕种。哦，阿夏就是那个麻花辫女孩，她的名字同她一样，是有温度的。田垄上的麻花辫一上一下，就像是曾经的影子。只是如今的影子只是安稳地躺着，达拉早就把他抛到了脑后。

达拉不得不回到钢铁城里，他知道乡下的生活并不属于他，离开那天他偷偷地躲在稻草棚旁，看阿夏耕种，看最后一次这样蓝的的天空。

那天晚上，达拉乘了火车，忽然觉得这样暖的风吹得他有些凉。火车呜呜地开着，开着，达拉希望这是一辆开不到头的火车。天色很暗，什么也看不清了，但达拉依旧不死心地望着那一片田野，尽管他什么也看不见。他始终没有看到那两条上下跳动的小辫子。

达拉回家了，他又一次站在灯下，他重新注意到了被他忽略已久的影子。他忽然觉得影子好像短了一些。他想扯动嘴角像以前一样跟这位老朋友打个招呼。他想了很久，是应该说"嘿，老伙计"，还是真诚地道个歉。他拿不定主意。索性拎起牛皮箱，走出灯光的包围，进入黑暗。影子也随之消失在一片浓重的黑暗里。

达拉又开始了那样的生活，脸部僵硬。寒风瑟瑟的夜，他把呢子大衣裹得死紧，只露出一双眼睛。该怎么样形容那双眼睛呢，我想想吧。约莫是一摊死水，泛不起波澜，又或者说是一块冻死的冰山，敲不下一块。达拉就像是一块木块，麻木得不像样子。他需要一把火，只是这火是再也燃不起来了。

达拉养成了一个习惯，站在灯下看影子，但却不再同影子说话了。影子好像越来越短了，只有一个他那么高了。达拉依旧习惯看着窗外的灯随着时间灭去，可每看一次，达拉的心就像是坍塌掉了一块，补不回来了。影子左右摆着，好像在着急想要说些什么，却最终只能静静地躺在那里。

达拉有些害怕，现在他的影子只有半个他那么高了。黑黑的夜，路灯一跳一跳，像是阿夏忽上忽下的小辫子。达拉抬头，直直地望着灯。灯很亮，他也不用手去遮挡刺眼的光，就这样看着看着，直到流出泪来。

那天晚上，达拉的影子不见了。这是人们最后一次看见达拉。那个喜欢看影子的小伙子不见了，钢铁城里的人依旧自顾自地活着，看着水泥怪物遮住了影子，看着大铁皮卷起的灰尘灰了一片，没有人在意影子是不是还在。只是第二天晚上，那盏路灯没有再准时亮起。工人有些苦恼，反反复复地修了几次，总是不见好。灯也就这样，再也没有亮过。

后来，阿夏收到一封很久以前寄出的信还有一张照片，上面是一个修长的剪影，好像是个男人，带着一个长长的箱子。信的内容大概是这样的：

你好，阿夏：

我是达拉，达是达拉的达，拉是达拉的拉。我有一个朋友，他是我的影子。从若落乡回到钢铁城以后，我的影子开始越来越短，他就要离开我了，我知道。钢铁城里有许多人，但是他们都没有朋友。他们四处说着："你是我的朋友。"可我分明看到了他们眼里的不屑和虚伪。所以我和我的影子做朋友。可是直到我见到了你才知道，我的影子其实就是我呀。我有一个朋友，又或者说我没有朋友。我想做一个像你一样快乐的人。但是当我回到钢铁城，我才发现这样的愿望对于我来说太奢侈。我只有我和我的影子。而我的影子也终有一天将归于沉默。

你愿意做我的朋友吗？

记住我，我是达拉，达是达拉的达，拉是达拉的拉。阿夏。

达拉

这一封信被阿夏放在她的抽屉里。阿夏始终不知道达拉的模样。但她总愿意跟别人说，我有一个朋友，叫达拉，住在钢铁城。

再后来，达拉家门口的灯被拆走了，变成平平的一块。每每有人走过，总觉得这里缺少了什么，却又说不清楚。

世界上再也没有喜欢看影子的达拉了。

芮　雪
位育中学

我有一个朋友，沉睡在海底的朋友。

第一次遇见她是在威尼斯蔚蓝的天空之下，粼粼的波光之上。叹息桥对面就是落日的霞光，映照在五彩的砖墙上，绘出末日的模样。

"威尼斯啊，一个月后就会沉没了呢。"她坐在岸边，从自己亚麻色的长发中分出一股，编成一根细长而顺滑的辫子，披在右边的肩上，"这件事，你们游客都知道吧。"

我点点头。她对我笑笑，"你，为什么来这里呢?"

我犹豫了一会儿。然后把自己被主编辞退的事情告诉了她，因为进入杂志社以来就没有写过什么吸引读者眼球的文章，就连出版的唯一一部费尽我两年心血的小说《沉没》也没有什么读者，平庸至极，而主编又是一个注重创新的人。我会被辞退多半是因为自己江郎才尽了吧。身边几个关系比较好的同事建议我暂时离开柏林,去国外散散心。

"啊啊!那本书我在旧货市场里看过!写得很好!我很喜欢!"

"谢谢。"我苦笑着,"你是当地人?"

"是啊。我从出生起就和爷爷住在这里,活到十九岁,只乘着渡船离开威尼斯一次。"她仰起头看着我,从石板地上站起来,拨了拨裙摆,"啊,对了,你来这里几天了?乘过贡多拉了吗?"我如实给出了否定的回答,事实上,我今天下午三点才到达这座水城,只逛了圣马可广场,拍了几张照片就在码头边游荡。"如果是这样的话,我带你去乘我爷爷的贡多拉吧。不要客气,因为游客多的关系,其他船夫都会趁机开很高的价,不过我可以让爷爷给作家先生你免费哦。啊,爷爷!这里这里!"

她向着不远处的河道挥手,高高翘起的船头后,一位发须花白的老人也笑着向红裙女孩挥手。我正愣神,女孩已经牵起了我的手,向最近的河道阶梯跑去。"我的名字是夏洛特。爷爷,这是我新的朋友,很厉害哦,是一位作家呢。"

我有点不好意思地挠挠头,看着老人慈祥的笑容:"您好,我的名字是吉尔伯特。"老人把船篙收到一个较高的位置,黑色外漆红色座椅的贡多拉稳稳停靠在了岸边的石阶旁。"夏洛特还是一样的热心啊。作家先生,欢迎来到威尼斯。"他向我伸出手,我正犹豫着要不要上船,夏洛特就轻轻在我背后推了一把。"不要客气,威尼斯的客人就是我和爷爷的客人。"

小船在闪耀着金色光辉的水波上缓缓行进。此时的夕阳已经只剩下了半个通红的脸颊在地平线上,把整座童话般的城镇染成玫瑰金色。老人虽然上了年纪,但身体依然硬朗。撑船的技艺老练娴熟,夏洛特告诉我,这位名叫罗维诺的老人已经和他的贡多拉在水道上漂浮了五十年了。随着天穹慢慢从橙红变成玫瑰红,水道两边复古的灯就亮了起来。颜色鲜明的一栋栋小楼里也亮起了灯光。

"很棒吧。"夏洛特笑着对我说,那表情就像是一个五岁的小女孩在向别人炫耀她的新裙子一般,"真想永远住在威尼斯。"我抿了抿唇,没有说话。

贡多拉顺着水道穿梭,最终停在了一栋蓝色的小楼前。夏洛特还没等船完全停稳就轻巧地一步踏上了石阶,向我伸出手。深蓝已经盖过了大半的天空,我后知后觉地想起口袋里那张已经没用的船票,发觉今晚的最后一班渡轮已经离开威尼斯了。夏洛特看穿了我的担心,"没事啦,我家还有空余的房间。但是因为一楼和二楼都被淹没的关系所以你只能住在阁楼了……你不会嫌弃吧?"

答案当然是不。我无奈地笑了笑,牵住了她的手。脚下踩的是摇摇欲坠的石板地面,这座童话般的城市建立在无数木桩上,能够维持百年已实属奇迹。换句话说,威尼斯的沉没应该是必然的,海水会腐蚀脆弱的木桩,随着气候变暖而不断上涨的海平面像一张巨大的网，把威尼斯这一条五彩的鱼困在里面，越收越紧。罗维诺爷爷还说，现在我们脚下的石板是几年前重新铺过的，比原来的高度高出了几十厘米。大部分居民的住宅都在十多年以前重新修缮过，因为较低处的楼层都被淹没的关系才加盖了几层楼。

蓝色小楼的门是白色的，对我来说有点低，要不是夏洛特提醒，我差点狠狠撞上精致描花的门框。当我们坐在小小的客厅里捧着热咖啡的时候，夏洛特才告诉我原来我进来时的那扇门是用玻璃窗改的。罗维诺爷爷看着我惊讶的表情，一边翻动着平底锅里的红酱意面一边说："这可是我亲自去佛罗伦萨的旧货市场淘来的，现在的家具店都不卖这种老式的门框了。"

我捧着咖啡杯的手扣得紧了些，夏洛特眯着眼睛，很久没有说话。

晚餐之后，我踩着会吱吱呀呀响的木质楼梯上了五楼。我的房间里散发着干花的气味，床头灯也是温暖的黄色。夏洛特站在我房间门口，欲言又止。我问她有什么话要说，她低头扯扯裙角，沉默一会儿才说："你会在这里待到什么时候？"

我笑笑，告诉她我是一周后回柏林。

她眨眨眼睛，放开了被她揉皱的裙子，又换上了一个开朗的笑容，"在这一周里，我保证，威尼斯会给你留下最好的印象。"

我有些莫名，只能点点头道了晚安。

第二天清晨，夏洛特敲响了我的房门。我打开门的时候她已经把长发扎起来，背好了一个小包。"我带你去看面具！"她的语气欢乐得就像出游的孩子。我飞快地洗漱，就跟着她出了门。她带着我在错综复杂的小巷里穿来穿去，在我看来，那些凹凸不平的石板路都是一模一样的，色彩斑斓的楼房墙体也都是大同小异。听朋友提起过，作为游客，就算手里有地图也千万不要在威尼斯的小巷里随意走动，小巷经常是相互连通而又在意想不到的地方有死胡同，地图上也无法把各条路的走向描绘清楚，而如果迷路了就很难再找回回到码头的路。只有当地人心里有一张无形的地图，只有他们才不会轻易迷路。

夏洛特的发辫在背后一跳一跳，她紧紧握着我的手，最终停在了一个有些破败的店铺门前。她摇晃着老式的门铃，有颤颤巍巍的脚步声走近。为她开门的是一位老妇人，"夏洛特！好久不见啊。"

"维蕾那奶奶！"夏洛特拥抱老妇人，亲吻她的脸颊，"这是我的朋友，吉尔伯特。他来自柏林，就是写我最喜欢的那本小说的作家。"

"威尼斯真是个好地方不是吗？"维蕾那奶奶对着我微笑，"你们一定是来看我做面具的吧，快点进来。"

老妇人的手背上有干枯的皱纹，皱纹下是树根一样的血管。但这并不影响老妇人的手灵活地在纸板模型上穿梭。金色花边的彩带在她的手下像是雨后的一道虹，盘绕依偎在威尼斯的天空。面具的主色调是金色和黑色，靠近鬓角的部分还有圣马可广场钟楼的剪影，银粉点点在钟楼边闪耀，让我想起昨天下午从我身边飞过的广场白鸽。维蕾那奶奶的房间里还用留声机播放着黑色的唱片。夏洛特跟着曲调哼着，注意到我的目光，她歪头一笑，"这是杰南的《威尼斯狂欢节》。"

她为我系上面具的黑色绸带，维蕾那奶奶说这个面具再适合我不过。夏洛特也笑了。

一周里，她带着我游览了威尼斯所有游客常去的地方，还带我登上了圣马可广场上的钟楼。她指着附近一座教堂告诉我说，圣马可教堂的房顶是用金子做的，在阳光下特别漂亮。我注意到了有许多人拿着大大小小的行李向码头走去。我问夏洛特他们在做什么，夏洛特揉揉眼睛，微笑着告诉我说他们都是当地人，因为威尼斯要沉没的原因所以都听从政府的安排，搬到更加安全的陆地上去了。"维蕾那奶奶，明天也要离开了。"说完，夏洛特的眼睛红红的。

"感觉就像是，我最爱的人死了一样。"

不得不说我有同感。相处时间只有短短一周，这个突然闯入我生活中的女孩已经占据了我日常的大半部分。睁眼时看到的是她的笑容，闭眼时听到的是她的声音。夏洛特，她笑了，她嘟起的嘴，她哭了，她红红的眼睛。威尼斯，她晴了，她的落日余晖，她雨了，她的凄清寂寥。她是威尼斯的孩子，她对她的母亲有比我更加深刻的情感和爱意。我明白的。"留下来吧"，这句话在我的耳畔模模糊糊地响起数次。曾经有多次我都以为那是她温柔开朗的声音，我现在才明白，那其实是我自己对自己的劝说。

一周时间足够让我离不开这座水城，微风夹着夕阳的温度在我的脸上印下轻柔的吻。

时间很快过去。我把自己为数不多的行李打包起来。夏洛特不知什么时候出现在我的房间门口，直直地盯着我。

"有什么事吗？"我问。

夏洛特摇了摇头，身体慢慢沿着墙壁滑下，她抱着双膝坐在墙角。

"你们，打算什么时候离开？"

夏洛特又摇了摇头沉默着。

"政府已经下了通知，所有游客必须在后天之前离开威尼斯。你们应该也是有离开的期限吧？"

"我不会离开。"夏洛特轻轻地说，带着某种决心。

"什么……"我扔下手中叠了一半的衣服，"你的意思，你不走？"

夏洛特点点头，"再见。"

不知道是大脑里哪片区域出了故障，四下蔓延的冲动迫使我咬紧了唇，也带着某种决心。

"我会留下。"我说。

夏洛特抬起布满泪痕的脸，就像雨后的威尼斯。不管是下了多大的雨，只要抬起头向灰蒙蒙的天上看去，总能在云层后看到一缕缕阳光。

不过此时此刻，我看不到云层后的光亮。

罗维诺爷爷最后一次把贡多拉的绳子系在木桩上之后，抚摸着船体老泪纵横。这只贡多拉就像是他的老友，而今天，他的这位老友将永远告别威尼斯，永远沉睡在干燥的陆地上，而终究有一天，他会被灰尘覆盖，被岁月侵蚀。

对于夏洛特不愿意离开这件事，爷爷倒也是没有表示太大的阻拦。或许他们从很久以前得知威尼斯即将沉没的消息后就已经达成了某种共识，留与不留，已经是成年的夏洛特可以自己决定的事了。只是爷爷在离开之前紧紧抱住夏洛特一言不发，沉默的泪水已经湿透了她的肩头。

"只剩下我们两个人了，威尼斯。"夏洛特看着随着夕阳离开的最后一班渡轮，抹了抹眼睛。

"嗯。"

"今天又是一个好天气啊。"她为我端上一杯咖啡。因为岛上几乎所有人都离开的关系，威尼斯的水电供应都停止了。不过夏洛特好像早有准备，她拜托她的朋友买了很多木柴，令我惊讶的是她居然还有一台小型的海水净化设备，每天的用水和供暖都是这样提供的。

站在门前的石板上，此时海水已经没到了膝盖。

数不清过了几天，我的手机已经没电很久了，挂钟显示着时间，至于日期已经对我和夏洛特来说都不重要了。只是在某一天，她红着眼睛告诉我，今天是威尼斯传统的狂欢节。

她拉着我到她的房间里，从一个复古的衣柜里取出很多颜色鲜艳的裙子，又从另外一个柜子里取出了许多大大小小款式不同的面具。她一件一件地试着衣服，每过几分钟就能看见她从更衣间里走出来，戴着有长长翎羽的五彩面具，穿着一套一套不同风格的长裙。她一边试衣服，一边流着眼泪，嘴里喃喃念着什么。我上前劝她停下来，她终于抱着我哭了。

今天是狂欢节。

我身上穿着她为我挑选的黑色金边礼服，就像中世纪的贵族一样，戴着维蕾那奶奶送我的面具，牵着身着红裙，戴着金色面具的夏洛特。我们踩着飞溅起的水花在圣马可广场上跳舞，迷路的白鸽站在屋顶上，它们是我们忠实的观众。夏洛特的高跟鞋在冰冷的海水里舞动，她的嘴唇都冻僵成了青紫色，她的脸不再红润，她亚麻色的秀发渐渐失去了光泽。她依然在凹凸不平的地面上旋转着。她的眼睛哭肿了，比她的裙摆还要红。我为她拭去眼泪，她强笑着说："威尼斯的狂欢节上不能哭啊，我怎么忘记了，这样会带来厄运的啊。"

直到我再次牵着她的手才发觉她的体温高得不正常。我慌忙抱住她，她昏迷在我怀里。

　　她在房间里躺了整整两天。第三天我为她煮了热水端过去时，她挣扎着要起床。我急忙过去扶她，苍白的面容上写满了困倦，她说她的生命一定是即将随着威尼斯一起消失了。她执意要我站在门前的石板上。是的，海水已经蔓延到了我的胸口。她苦笑着捂住脸，说："吉尔伯特，带我去圣马可广场，就是现在。"

　　我自然是拒绝。她立刻又红了眼睛。于是我小心翼翼地背着她离开了蓝色的小屋。

　　这次的行进如此艰难。夏洛特的声音像是脆弱易断的纱线一般，软软地挂在我耳边为我指路。

　　"到了。背我上去。"她的声音里带了一丝微笑，尽管我知道，"笑"对她来说已经很消耗体力了。

　　那之后的几天里，我陆陆续续把一些生活用品、被单、柴火、打火机等等都搬到了钟楼里。夏洛特身体状况越来越糟糕，甚至连说话都困难。可是她却执意要住在钟楼里，因为那里可以看清威尼斯的全貌。

　　很快，我们就被困在了钟楼上，外面的海水已经淹没了钟楼的底层。在一个雷雨交加的晚上，海水肆虐到我的膝盖处，我用木箱垫高了夏洛特的身体以免她接触到海水。夏洛特又一次挣扎着爬起来，她直直地盯着窗外，颤抖着抬起的手指向什么东西。

　　睡眼惺忪的我循着她的指向看去，那竟是一艘船，一艘白色的救援船。闪着红色和绿色的灯，向钟楼靠近。

"这边！！这边！！！"夏洛特的声音已经不再像银铃般悦耳。她形同枯槁的脸上依旧遍布泪痕，"这边还有一个人！！！！"

我摇晃她的肩膀，"夏洛特，我们一起走！"我矮下身，作势要背她却被她推开。她的力气很大，我的头撞在了墙上，温热的血从额头渗下。我已经几天没有好好吃过东西，居然连爬起来也很困难。夏洛特动了动嘴角，我知道她一定是笑着的。那艘船上的人应该是听见了她的声音，靠了过来。有人向我伸出了手，我却无动于衷，紧紧盯着夏洛特不断地说："带她一起走！"可是他们却无视我说的话，把我从窗口拉了出去。

之后的事，我就不记得了。医生说我因为在低血糖的状态下拼命挣扎，昏迷了很久。两个星期后才醒过来。

"夏洛特呢？"我从病床上坐起来，差点把点滴架弄倒。

医生耸耸肩，离开了。

不过我记得，在我被他们拉出窗外之前，夏洛特对着我笑了。那是她从生病以来对我笑得最自然的一次，最开朗的一次。

在我的身体被海水淹没之前，我听到她的声音，仿佛来自异世界。

再见……

养好身体后，我写了一本小说。发给编辑部，出版之后广受好评。

我看着新书的封面，那是我自己挑选的，威尼斯的圣马可钟楼，沉没前的模样。

我泣不成声。

有天晚上，我做了一个梦。

在梦中的海底，我在苦涩冰冷的海水中睁开了眼睛，身边的点点荧光在黑暗中闪烁，水流像微风温柔地轻吻我的脸。我的那位朋友，夏洛特，正站在不远处的地方，微笑着看着我，向我挥手。她的背后，有圣马可广场的钟楼，有教堂纯金的顶部，有飞翔的白鸽，有贡多拉船尖尖的船头和船尾，还有数不清的小楼的尖顶。不过一切都好像模模糊糊看不清楚。夏洛特是爱着威尼斯的，我想我也是。她似乎真的和这座城市成为了一体，因为每当我脑海中浮现出威尼斯时，总会附带着她的笑容。最后我自己都说不清楚，到底我爱的是她还是威尼斯。我想再一次接近她，她却和她身后的景物一同坠入了海沟里，我听见木桩倒塌崩毁的声音。我在梦醒之后哭得像初生的婴孩，衣服上都是自己的眼泪。

我再也见不到这位沉睡在海底的朋友了。

但是，我希望她过的好，希望她幸福，希望她能够在下一次的狂欢节，穿上鲜艳的裙子，提起裙摆，踩着优雅的舞步，希望她戴着面具，面具下是她一贯的开朗微笑，露出整齐洁白的牙齿，再一次向我挥手，就像第一次见面那样。

那时，我一定会再一次牵上她的手吧。

"克罗诺皮奥克罗诺皮奥？"

"克罗诺皮奥克罗诺皮奥。"

"水溶 C100？"

"每瓶所含维生素 C，相当于五个半新鲜柠檬。"

我的一个朋友是一只克罗诺皮奥。就是那个广为人知的克罗诺皮奥。请允许我在这里冒犯那位颇负盛名写了一篇名字似乎叫《试图阐述我们生活多年的世界的不稳定性，抑或规律屈服与偶然、小概率或不可能发生的微型历史，有你好看》——对不起文章的名字实在太长记不分明了——的文章的阿根廷大克罗诺皮奥。

按照大克罗诺皮奥的说法，克罗诺皮奥是一种绿色湿漉漉的圆柱体，具体什么样我也记不清了，但是我很难描述我的这位朋友克罗诺皮奥。我量过他的颚骨，好像是 150 度。除了"克罗诺皮奥克罗诺皮奥"以外，这位朋友打招呼的时候会变成一只扁平的黄色的眼睛眯成一条缝的小鸡。

我觉得我永远没有办法成为一只克罗诺皮奥，就好像即使我每天穿着白衣服也不会变成一个阿拉杜拉灵媒派的教徒一样。

我的朋友克罗诺皮奥以前是布甘达部落——好像是这个名字——的一个脸上抹着各式各样颜色的颜料口袋里装着一只死蜥蜴和人指甲的皇家御鼓手的时候，告诉我当时一个国王可能有三四十个孩子，当国王退位任命新的国王的时候，会只留新国王以及其余三四个兄弟，而其他的全都付之一炬。国王的遗体要用文火加热好多天烘干，阳具和睾丸要被切下来放在一个兽皮袋子里埋好。

"总觉得文火这个词不大对劲，让人想到秘制串烧五代国王什么的。"他说。

我的朋友克罗诺皮奥曾经在非洲许多部落当过御鼓手，乌干达、加纳、加蓬、南非、尼日利亚。即使到现在看到了电子鼓也会有一种左右手交叉握棒三分之一处双腿张开成六十度开始摇摆的冲动。他说有一次穆萨特一世——好像是这个国王——在战胜了骁勇善战的布索加族人之后，在欢快的鼓点和乐声下把布索加人用长矛切成碎块，把肉和骨架放在一起堆成一座小山。看着自己的战利品，穆萨特王欣慰地笑了。当时他就在边上打鼓。

我的朋友克罗诺皮奥当时和穆萨特一世一起出征对抗某个擅长水战的叛逃的部落的时候，曾任战鼓手猴面包树分队队长，跟着巫师一起准备吓破敌人的胆子。他说那次一个小有名气的祭祀——好像和巫师没什么两样——恭恭敬敬地给国王奉上一只死蜥蜴和一个人指甲之后，他也每天偷偷地揣着这两样东西。他说其实祭祀还送了其他的东西给国王，但是他没看到。

我的朋友克罗诺皮奥说不同地区的鼓是不一样的，令我尤其印象深刻的是，有一个地方的鼓非常非常长，而且又很细，一点也不像鼓。

我的朋友乘飞机离开非洲大陆的时候，有一个尼日利亚旅客丢下他十九件托运行李不见了。搞得航班延误了两个半小时。

我的朋友克罗诺皮奥说象牙海岸的乌弗埃王曾经为了祈求神力被切成肉块丢到一锅装满草药的汤里，出来的时候化成了一条有力的大蛇。

直到今天我的朋友克罗诺皮奥还喜欢在上课的时候在桌子上敲打着节奏，我怎么也不能打得比他好，我觉得我永远没办法成为一只克罗诺皮奥。

我一直想在大学学环境科学，有点兴趣，工作也很好找。我发现一所在北京的、名字里带着"林业"的大学非常不错，在上海的分数线也很低——原因大约是名字不好听。我的朋友吃了一惊，激动地跳了起来欢快地说："那里有个叫野生动物保护区的专业，我想去来着。"

他说野生动物保护区专业的学生上课就是学哪种动物长什么样，哪些动物什么时候交配什么时候生育，如果一只母的藏羚羊发情强行被一只公的食肉龟搞大肚子了该怎么办等等等。毕业了之后绝对能找得到工作。在荒无人烟的地方有一个小木屋，里面有个手摇发电机。每年会有休假，工资很低。但是退休了之后待遇很好，是公务员待遇等等等。

他说每年可可西里都有志愿者被偷猎者打死。

他说他最近喜欢给家里养的植物分叉。比如把一颗仙人掌的两个球分开来分别栽好，都能活。他说他们家原来只有一颗仙人掌，现在有八棵了。

"咔。"他说。

我的朋友成绩不太好，我问他高中分科想选什么，他说大概加生物吧。

我是生物课代表，但是期中考试我生物考了倒数第二。

我的朋友克罗诺皮奥家里养了一只大乌龟，有一天乌龟脱壳了，他把乌龟壳放在上衣的口袋里带给我看，是透明的。

有一次上政治课政治老师说她上次看到她养的乌龟的壳掉了，网上一查说掉壳的乌龟可能快死了。政治老师吓了一跳特别害怕。

政治老师讲到这里的时候，我的朋友克罗诺皮奥低下头小声说："老、老师，那叫脱壳。老师你真的没问题吗老师……"

我很小的时候家里养了一只巴西龟，后来因为要出去玩没有放足够的肉然后它就饿死了。我家以前还养过好多绿色植物，后来它们都死了。我觉得我永远没办法变成一只克罗诺皮奥。

某一年鬼节的时候，克罗诺皮奥骑自行车一个人去了某一块公墓旁边的大道上。当时视野不是很清晰，克罗诺皮奥看到路边上庄严地蹲坐着一只纯黑色的狗。克罗诺皮奥骑自行车骑得离它很近的时候那条狗也不躲开。正在克罗诺皮奥从它面前经过的时候，那条狗忽然看了他一眼。

"当时我的自行车一歪，掉链了。"

克罗诺皮奥赶紧骑走。

克罗诺皮奥的妈妈有一次开车送克罗诺皮奥回家，那天正好是一个什么节日，还有点下雨。开车路过一片墓地，快要离开的时候突然有几声响雷发作，闪电劈在了墓地那个方向。克罗诺皮奥想过去看，他妈妈赶紧把车子开走。

他妈妈说："大概有什么东西要出来了吧。"

克罗诺皮奥讲鬼故事很吓人。他讲什么故事都讲得好。

我小时候看《鬼吹灯》看得睡不着觉，我觉得我永远没办法变成一只克罗诺皮奥。

"克罗诺皮奥克罗诺皮奥?"

"克罗诺皮奥克罗诺皮奥。"

"我?"

"克罗诺皮奥。"

前些日子看了王小波先生的一篇短文《文明与反讽》。小波一开头讲了一个故事,说是有一天一个基督教徒被几个野蛮的异教徒抓起来了。异教徒把基督教徒绑在一根木桩架在火堆上。他们围起篝火跳着神秘的舞蹈。过了一会儿,这个幽默的基督教徒——我们姑且就认为他是幽默的——说:"正面快熟了该翻面了。"可惜没文化的异教徒当然不能理解基督教徒的幽默,于是有趣的基督教徒就这么没滋没味地被异教徒给吃掉了。

王小波的结论是,反讽这种特殊的表达是需要较高水平的文明才能够理解的。而我所想表达的,不主要是探讨文化的进步与衰退。而是认为,异端——很大一部分都是奇才——是一直被排斥的。作为一篇关于新闻媒体与社会责任的报告,《哈钦斯报告》非常清晰地阐述了一个社会和领导者是多么地不想看见所谓的异端的出现,于是消防队员和思想警察也成为了消除异端的工具。因此可悲的是,在基督教徒一直不断地被野蛮的异教徒吃掉的同时,那个被钉在十字架上的圣人依旧宽恕了那些一直朝他丢石子的凡人。即不管是怎样的异端,他们的生活必然会经历和别人不一样的一些困苦。如今的社会愈发地开放了，然而我的克罗诺皮奥朋友依然不能如愿地到可可西里去看犀牛和藏羚羊打群架。

"别人怎么看我我都不管，但是我没有成为我十二岁时想变成的那个样子，我让我自己失望了。"

我喜欢我的克罗诺皮奥朋友，但愿他有个好的前程。

天使的肉身，人类的灵魂，以爱为媒介，沦落为魔鬼的新生。

一

郝医生是住在小镇西街的年轻医生，每天7点整都会准时拉开私人诊所里厚重的窗帘，摆一盆盆栽在窗口，然后静静地等着小镇上有需要的人来找他看病。郝医生的性格算得上是温婉贤淑（虽然用这个词来形容一个男性并不是很合适），再加上医生这个行业本来就是积德，小镇上的街坊邻里只要看见他，每个人都会和他和和气气地打招呼。

今天也是一样，郝医生在6点50分的时候准时抱着刚刚买回来新鲜出炉的面包，打开诊所隐秘的后门，准备开始一天的工作。6点57分吃完奶油面包，6点59分给盆栽浇水，放出窗外，7点整准时拉开落地窗的窗帘，坐在门前的躺椅上，一边欣赏窗外的风景，一边等着第一个病人。

今天的第一个病人是芙莉亚，郝医生一边帮她拉开椅子一边笑着问："这回又是哪里不舒服？你都快变成我的常客啦。"

芙莉亚白皙的脸上一红，然后慌忙用长发遮住脸颊，生怕别人看出些什么似的，故意提高声调说，总觉得前两天的感冒还没有好，是不是要发烧了之类的话。郝医生笑笑，走到台前抽出一根温度计，"啊——"

"啊——，唔。"芙莉亚一回生二回熟地含住温度计，然后在郝医生回房拿点药的时候，细细地打量着这个屋子。

屋子不大，是木头框架，虽然有些年头，但更添温馨，会诊室里除了工作台、两三把椅子之外就只有一大排的书架，书架上的书摆放得极为整齐，从高到矮，一本本挨得紧凑局促，从来没有见过这样整齐的书架。偌大的会诊室只连着一条长长的走廊，白天不会开灯，看起来幽深得不知道通向哪里。然后又想到郝医生就住在这样的房子里，整栋房子在少女的心中都变得熠熠生辉起来，心想着我本就喜欢这样古老的房子，郝医生真是温柔啊如何如何——

"在瞎想些什？"郝医生纤长的身影从长廊的阴影里面闪出来，芙莉亚一边等着他从自己嘴巴里把温度计抽走一边抱怨着他走路一点声音都没有，吓了自己一跳，一边抢着还没有离开的这段时间和郝医生聊些有的没的。

"最近镇上好像有奇怪的事情发生，知道吗？"

"啊，是这样吗？不过镇上的治安一直这么好，不大会有小偷啊什么的吧。"

"嘛，不是这种事情啦！"

"那是什么？"

"就是啊……铁匠玛索，你还记得他？"

"当然，我这里许多用具都还是拜托他帮忙做的呢，说来什么时候要去拜访一下。"

"别了……听说啊，玛索家的小女儿，不知道为什么，前两天还好好的，昨天开始就醒不过来了，人是活着的，就是怎么也叫不醒，街上的大家都说，会不会是被魔鬼偷走了灵魂？"

"诶，怎么会这样？！"

"所以郝医生你最近当心一点哦，半夜就不要出门了，小心……被魔鬼偷走灵魂哦！"

"不会的啦，不要吓唬人啦，我好歹也是成年人，小孩子不要胡说八道。"

"切，我才不是小孩子，再过几个月，我也就是成年人了，再说我哪里有胡说八道，我这明明是在关心你！哼！"

"好啦好啦，谢谢你的关心。身体没什么事，要是觉得不舒服的话就再休息两天，这些都是一些比较缓和的药，你先拿着吃，再有什么问题就来找我。"

"知——道——啦。那再见咯！对了话说回来这盆盆栽是医生养的？每次都能看到它。”

“嘛，算是吧，我只是帮一个朋友暂时保管吧。”

“那你一定好久没有和你朋友见面了，这盆盆栽在你这里放了这么久。”

“是啊，不过马上就可以见到了。”

“啊，郝医生的朋友我也好想见一见啊，一定是一个和郝医生一样的好人！”

不知为什么，芙莉亚总觉得今天的郝医生和以往不太一样，本来他身上就有极干净圣洁的气息，今天看来确实比以往都要浓厚，郝医生用那双深邃不见底的眼眸看着她。

“啊，会带上你的，就差你一个了。”

二

玛索家的小女儿还是没有醒过来，找过医生治疗，也找过神父赐福，可是到现在还是没有见效，这对玛索一家的影响是极大的，玛索爱极了这个女儿，可是他也没有办法，只能眼睁睁地看着心爱的女儿一天天地消瘦下去。

芙莉亚说来也是一个幸福的女孩子，家庭圆满，家境良好，所以在平时学习之余，总有些时间来想些有的没的或者圆满一下她的诸多爱好。典型的少女，憧憬爱情，热爱罗曼蒂克，喜欢温柔纤细的男生，对有一点小黑暗气息的东西也十分着迷。

最近芙莉亚恋爱了。距离上次去郝医生的诊所差不多有三天了，这三天整个人就像是低烧一样，轻飘飘的，脑子里什么东西都待不长久，唯有郝医生的身影一直盘旋在她的脑海里挥之不去，像是着魔被附身了一样一遍遍地想他纤长的身影，黝黑的眼眸，幽暗的气息，觉得他简直就像古堡里的王子一样英俊，无与伦比，又像是想象中的吸血鬼一般优雅，邪恶。

用什么来形容他好呢？找不到适合的词。

郝医生口中的朋友芙莉亚也听他说到过几次，之前对他抱怨朋友和自己闹别扭的时候就有聊到这方面的话题。如果郝医生两次说的是同一个人的话，那这个朋友应当是位男性，有着浅棕色的头发，脾气有点反复无常，却是个值得信赖的好人。

据郝医生自己讲，这位朋友从小照顾他，甚至，还救过他的命。

可是这么好的朋友怎么就这么久没见呢？郝医生一定很想他，当时提起就是以一种极温柔的口气说"我啊，我有一个朋友，曾经……"这么温柔的开场白，如果对方是一个女性，自己一定会吃醋到死吧。

三

我啊，有一个朋友，曾经有一个朋友。个子长得很高，人也很精神，我们是很好的朋友，就像你和你的朋友一样。他处处都比我优秀，无论是成绩也好，别人的评价也好，就连最偏心我的父母亲都对他赏识有加，说我在哪儿都不如他。可是他就是和我很好，我一直不知道为什么，他就一直说，那是因为我性格好。

这样看来，的确是这样。虽然从小到大一直是他在帮我，但是若是没有我的包容和在别处的打点，就他那个臭脾气，能混得这么好才怪。他的脾气也特别差，就像你的朋友一样，我们也吵过架，像你们一样，但是还是会发现，谁都少不了谁。

"话是这么说没错，可是……"

我们相伴了十几年，他最后还救了我一命。

"救了你一命？发生了什么？"

是战争。

"战争？最近几十年很和平啊。"

是在遥远的地方，我来的地方，一场惨烈的战争。

四

"你的朋友什么时候会回来？"

"马上就会回来了。"

——就差你一个了。

五

芙莉亚抱着一些面包向郝医生的诊所一路小跑过去，这时已是快要黄昏了。父母还在工作，并没有到家，傍晚的阳光斜斜地照亮西街的街头，熟悉的房屋和熟悉的邻里的影子被拉长，显得美丽又诡异。她的脚步明快又沉重，不知是走向起点还是终点。像是急切地寻找着天使，又像是恐惧地躲避着恶魔。

她从未像现在一样如此急切地想要见到他，想要看到他的身影。这个点，诊所是要准备关门了吧。

近了，近了，已经能看到西街深处爬满爬山虎的木屋了。

一步，两步，芙莉亚推开诊室的门，轻轻地掀开诊室厚重的窗帘，寂静得像童话一般的会诊室，幽暗得像地狱一般的长廊。

她慢慢地走进长廊，放大的瞳孔努力适应着长廊里昏暗的光，她的直觉让她回头，身体却不受控制，就这么走到长廊尽头。

尽头，是一间房。

"咔嚓"，房门开了。

熟悉的身影出现在其中，像是知道她会来一样，好像是在等待。

熟悉的人转过身，用熟悉的眼睑对她摆出不熟悉的微笑。

——她感觉有什么轻飘飘的东西，离开了她的身体。

六

小镇上最近又生出些事。

郝医生突然要搬走了，什么都没带走，就抱着一盆盆栽，别人问为什么，就说是等到了一直在等的人，可以离开了，小镇上的人虽然舍不得他离开却也都对他抱着诚挚的祝福，送这个送那个，说着什么随时都欢迎回来之类的话。然后郝医生笑笑，却也不说什么。

敏感的人都觉得，郝医生变了。

然后又在几天后，芙莉亚的父母终于在西街的角落里找到了昏迷不醒的芙莉亚，症状和玛索的女儿一模一样，一睡不醒。

七

不管你信不信，这个世界上是有天堂的，那么相对应的，自然就会有地狱。但是无论是天使、人类还是魔鬼都会迎来死亡，那么就会有寻找永生或者是复活的方法。活着的诱惑是绝对的。只可惜世界的法则便是等价交换，没有无条件的生，却有有条件的死。

以天使的肉身——"他身边就有极干净圣洁的气息"。

人类的灵魂——"玛索家的小女儿还是没有醒过来"，"就差你一个了"。

以爱为媒介——"我啊，我有一个朋友……"，"芙莉亚恋爱了"。

　　沦落为魔鬼的新生——郝医生模样的人，脸上挂着从没有过的阴冷微笑，凭空生出的翅膀黑得刺眼。

　　"朋友……吗?"

黄忻彦

松江二中

央央：我们比肩坐下，云端斜洒下来金色的朝阳，地上升腾着一股温冷的水汽，在视线里缭绕出一片迷蒙。

芒镇的名字很随便，盛产芒果，所以叫芒镇。

我的名字也很随便，姐姐叫英英，我叫央央。

芒镇的风景很美丽，无数色块拼接成的连绵不绝，每一样事物都是一个模糊的光圈。

我喜欢去早晨的集市买东西，把手伸进棕红色的塑料桶，感受水的律动，往动得最厉害的那边伸去，往往能抓住最肥的鲫鱼；水果店老板娘会用她浑厚的嗓音招呼我的名字，两个硕大的椭圆形堆叠在一起是她的肚子和脑袋，我喜欢摊位最左边的苹果，我总是能在很短的时间里摸到最光滑的那一个。

在凌晨四五点，天空还是一片漫无边际的鸽灰色，我把装满食物的塑料袋放在灶头边上的洗菜池，确认楼上的呼噜声依旧没停，偷偷地从大锅里拿两个蒸好的馒头，从厨房的小门出去。走过草丛的泥道，我得去找我的吴安。

吴安是我见过最好看的男孩子，头发是天生的棕褐色，脸是一个圆润的倒三角。我喜欢他身上那件藏青色的灯芯绒衬衫，那是我第一次见到他的时候。他是个特别的人，因为他总是聪明的，他知道许多我不知道的事情，我喜欢他的特立独行，好像他来自另一个不同的世界。

绕过一片荒芜的灌木丛，水库的旁边有一片空地，吴安在那里等我，他的脸微微倾出一个弧度，我知道他正在对我的到来表示欢迎。我们比肩坐下，云端斜洒下来金色的朝阳，地上升腾着一股温冷的水汽，在视线里缭绕出一片迷蒙。

就是这样无数个清冷的早晨，构成了我和吴安之间的所有联系。然而大部分时间，吴安都是缄默少语的。他往往只是接过我从口袋里掏出的馒头，我们俩便把馒头捧在手心，仿佛是在享用一顿丰盛的早餐。

然而那一天，已是深秋时节，天空几乎还是一片黑压压的沉重。吴安没有接过我的馒头，他只是低着头，若有所思。

天空明亮了一点点的时候，他忽然说："央央，你有没有试过瞒住秘密的感觉？那些秘密就像一条条蠕动的巨虫，在你的身体里肆无忌惮地穿行，啃食着你身体里的每一部分，发誓与你斗争到底。"

记忆里，那是吴安第一次对我说这么长的一段话，他的表情有点凝重，初升的太阳在他脸上投射出深深浅浅的阴影。

"我可能无法承受了，央央。如果保留秘密的代价，必须是与它同归于尽。"吴安离我很近，我能感受到他不可抑制的颤抖。他忽然起身，像是做出了如何重大的决定一般，颤抖地往前，忽然又狂奔着，纵身跃进那个巨大的水库。

他就这么猝不及防地，在我未做出任何反应之前，在我还来不及回想这是与他见面的第几个早晨，在太阳最终拂出层层云雾之前。

那已经是四年前的早晨了。我依稀记得我惶恐地发出一声呐喊，那怪异的巨响从我的喉咙里迸发出来，指甲被用力地嵌进手掌里，我不知道眼泪是什么时候流下来的。

我狂奔去找吴安的母亲，找到她时，她靠在窗框上。蓬松的卷发盖住她苍白的脸，只有她红色的指甲如血一般触目惊心，夹着一根点燃的香烟。等我大口大口喘着气，勉强拼凑出事情的真相，她的反应并不如预想那般剧烈。

她只是愣了一下，随即又依靠在窗框上。

后来，吴安的母亲把我送回了家，父亲脸色熏红，说话是一股呛人的酒气。

再后来发生的一切，我就有些记不清了。只记得一顿毒打之后，我被取消了早晨的出入自由，我再也没有机会去看看那扇铁栅栏窗之外的世界。我只是在不停地发抖，不停地挣扎。梦里，那件灯芯绒的蓝衬衫飘在巨大的水库，喷涌而出的血染红了整缸水，无数巨虫在水里蠕动，挣扎着，想要逃出窒息的水库。

第二天，父亲带着一个穿着白大褂的人打开了那把锈迹斑斑的锁。他只是叹息地对父亲说："疯了，没救了。"

那天之后，没人再愿意提起吴安这个名字。

吴安：我喜欢她用稚嫩的嗓音说我是她的吴安，喜欢她黑白分明的眼睛天真无害，喜欢她总用一种近乎崇拜的表情抬头仰视我的样子。

我是个没有母亲的人。

出生三个月时，一个女人把被丢弃在垃圾桶边的我捡回家，在芒镇定居下来。

她长得有些刻薄，狭长的丹凤眼吊在她的脸上，涂得殷红的嘴巴永远紧抿着，深深浅浅的雀斑密布在她的脸颊，一头蓬松的头发干得像一堆枯草。就是这样一个女人，终究算是把我拉扯大的恩人。

大些时，我发现芒镇里的人都很奇怪。大家明明亲眼看见妻子凶恶的嘴脸在丈夫的背后用刀子捅了一刀，却还泪眼婆娑地捐赠物品，安慰假装啼哭的妻子；大家明明亲眼看见市场上小偷阴险的表情，却还以拾金不昧的名义奖赏给小偷一大笔奖金；大家明明亲眼看见水果摊的老板娘算计的眼神悄悄地在电子秤上用手加重重量，却一致觉得水果摊是整个市场最亲切的商贩……

后来，我认识了隔壁家央央。我喜欢她用稚嫩的嗓音说我是她的吴安，喜欢她黑白分明的眼睛天真无害，喜欢她总用一种近乎崇拜的表情抬头仰视我的样子。

直到有一天，我问："央央，你眼中的芒镇是什么样的?"

央央眨了眨眼，说："芒镇就是一个个美丽的小圈呀。"

那时的我才明白，原来芒镇人眼中的世界都是模糊的，他们无法看清人们的表情，他们只能看到颜色不同的色块和光圈，但他们却无法看到清晰的世界。

我感到恐惧，却只是无能为力地看着每个人脸上丑恶的表情，和人们口中称道的那些善，却没有人能和我看到一样的景象。他们的世界纯洁而美好，而我的世界却充斥着肮脏和不堪。

只是脑中突然浮现出那双眼睛，那种仰望的姿态，那一声声清脆的吴安，和那种近乎崇拜的眼光。恍惚的心突然就澄澈了，我想，我必须做些什么。于是我开始揭发我所能看到的一切，虽然我的身体仍在恐惧地战栗。从一位母亲在买菜时用闪烁的眼神偷走了一把葱，到一名男子蓄意用车撞死一名女孩儿的咬牙切齿，我终究是鼓起勇气，做完了这一切。

然而可悲的是，就算我用尽全身力气，却并没有一个人相信我。那些被揭发的当事人，一张张虚伪的嘴脸否认着事实，而那些旁观的群众，只愿意相信他们眼中的世界。

所有人都觉得我是个疯子，荒唐可笑而且不可理喻。无数次因为我的言行，我的母亲不得不低声下气地向每一位我所招惹过的人道歉，在无数个辗转反侧的夜晚默默地呜咽。尽管就算她低头时，她清瘦的背脊依然是挺直的。

我终究是太过懦弱了，我对我遭遇的一切深恶痛绝，对越来越糟糕的局面无能为力。我对这个世界失去了所有的自信和宽容。既然没人能容忍我的秘密，我就只能和它同归于尽。

于是，我叫上了央央。只有她这样这般澄净的心灵才能见证我的死亡。在那片荒废的灌木丛后，我选择了结束。

我想，那么一片巨大的水库，应该能容下我的秘密了吧。

强　薇

第一中学

据专家说，地球上任何一个角落的任何两个人之间只隔着六个人的距离。也就是说，我也许通过我远嫁美国的姑妈的丈夫的表妹的同事的情人的七舅老爷就能认识奥巴马，或者比尔·盖茨，谁知道呢。有时候我真的觉得这个世界小得可怕——想想看，现在正在向你的电脑屏幕连连发动图片轰炸的人也许正坐在大洋彼岸享受着 108 兆的 WIFI 上着推特。刚才在 MSN 上问我午饭吃了什么的人是谁？他长什么样？在什么地方读书或是工作？笑起来会有浅浅的酒窝吗？在没有星星也没有无线网络的一个人的夜晚，他是否也会像我一般茫然不知所措？

微信的提示音殷勤地向我通报新消息的到来。我急切地抓起手机打开来看（期间输错了好几次密码），花了半秒埋怨自己的不矜持之后终于看到了我想看到的消息——来自 F 的问候。

在洛杉矶一个私立男校就读的美国华侨 F，成绩优异相貌英俊身高六尺谈吐风趣家境殷实风流倜傥，是所有人的偶像。用时新的话来说，就是"男神"。至于如此男神和平凡如沙粒的我为什么会勾搭上，还有一个颇为传奇的典故——F 和他女朋友分手后一个月，把他家的电话号码前半段和他前女友的手机号后半段混合在一起编了一个号码，就这样找到了我。我们一见如故，从一开始偶尔的聊天发展到了如今每天必须的交流。你说神奇不神奇，上海和洛杉矶之间差了十五个小时，2800 公里，却只有一个十三位微信号的距离。更妙的是，我奇迹般地发现 F 竟然是我的初中学长。我发出今晚第二个感叹——世界实在是太小了，小得让我仿佛隔着手机屏幕就能触碰到你在阳光下闪烁的发梢。

回过神来，我压抑一下想要欢呼的心情，整理一下仪容，开始琢磨着怎么回复 F 的消息才能显得我友好中带有矜持。F 的消息很简单，只是"嘿还不睡吗"加上几个调皮的表情符号，他就是这么可爱而平易近人。所以我的回复也不会过长，轻轻点击发送，几秒钟以后我一天的盼望和苦苦等待就化作了"熬夜复习呢"，几个字通过无数条光缆和法力无边的无线信号飞到了 F 的手机上。不消几秒钟，F 劝我好好休息不要太累的消息又飞了过来，这次我仿佛能看到他微皱着俊朗的眉。有着这样的问候我顿时觉得窗外月明星稀的夜空顿时温柔而可爱，这个世界也因我的少女心得到满足而温情脉脉。我带着满脑的粉红色泡泡欢腾地扑进被窝，梦到了加州热烈的阳光。

　　啊，这之后的每一天我都在想要高唱"好日子"的欢快心情中度过。每天我都算好时间在午后乏味的数学课上与F互道"早安"，想象他刚睡醒时满头乱翘的头发，每天深夜总要与F互相说说今天发生的趣事倒霉事才肯（在他的坚持下）依依不舍地入睡。真实生活中我的朋友并不多，在这所学校中嫉妒与冷漠充斥着人心，无法倾吐心中所想，所以与F聊天已成为我日常生活中重要的一部分。朋友圈中他发的照片越来越多，有时是与朋友夜战图书馆的剪影，有时是他与家人在漂亮的后院里开烧烤派对，更多时候只是某一天的午餐、他觉得有意思的街边一隅，充满着生活气息。我喜欢这样的气息，贪婪地索取着来自F的温暖和真实，这让我更了解F的生活，让我感觉他就像班级里的同学一般时时在我身边，好让我从那些无趣的脸庞和学生间勾心斗角的龌龊小把戏中暂时得以脱身，呼吸一口洛杉矶郊区纯净怡人的空气。

　　某一个平凡无奇的下午，百无聊赖的我又打开微信试着与F取得联系。"昨天上课看手机被抓了吧别在上课的时候发消息了！"望着这条消息，我愣住了：F怎么会知道我昨天上课被老师抓包的事情？努力搜寻记忆，却不曾记得我告诉过他这件事。问及"你怎么知道"时，F只是回答"猜的，我以前也有过，哈哈哈……"这边的我叹了口气，男神果真料事如神。习惯性戳进他的主页，看到几分钟前他传的一张别有风味的咖啡馆涂鸦墙的摄影，我便问他："哇哦！你在咖啡馆？"这次过了几分钟 F 回复道："不，在学校打篮球呢。"那这张照片是什么时候拍的？难不成是以前去过的地方今天再拿出来分享？我心生疑惑，却也没在意，这件小事就在之后 F 幽默的语言中被我飞快地忘在了一边。

入秋之后的天气一天凉似一天。街边的梧桐摇曳，"沙沙"地絮语着，金黄的叶子总让我怀念夏天的阳光。跨过一个海峡，那一边的美国想必还在灿烂的夏季。进入 SAT 备考季，我与 F 的联系越来越少，我们的关系就像桌上无人问津的茶水急速转凉。也许是因为要考大学的紧张和忙累，F 对我的态度也像入秋了一般。从前温暖的问候，好玩的段子和每天的生活琐事都简化浓缩成了一句简短的"抱歉我现在没空"。当然，朋友圈上 F 发的文字图片也越来越少，最近的一张已经是将近一星期前。失去了 F 的大量的陪伴，我的生活也变得索然无味。朋友间的装腔作势，家人的冷漠……都使我感到恶心和乏力。但是 F 要考试，作为他的朋友我当然希望他能进入理想的院校。因为我也有个小秘密——和家里商量过后我决定提早出国时间，尽早赶去美国，去一个离 F 近一点的地方。我们曾经是如此之近，近到时差也拉不开，近到我知道他的，他也知道我的生活，近到只差几个字他就能明白我的心意，却又不可触及。

　　当第一片雪花飘落的时候，我收到了一封信。这封邮件静静地横在我充斥着各类广告的邮箱里，等待着我的取阅。看见发件人的名字——久违的、久违的F——我的心跳漏了一拍，连忙用冻僵的手指点开邮件，怀着三个月来的等待，不敢漏过一个字地看着。"亲爱的学妹：你好！当你看到这封信时，我已经将你删除了好友……"目光刚刚触及开头，我的心便重重地沉了下去。F要考试了。F在派对上认识了他现在的女朋友。F很快乐。F感谢我半年来的陪伴。F注销了微信。F从此在我的世界消失了。我的大脑一时无法消化这么多信息，真相像越下越大的雪一样积压在我的心头，每想通一点，心便凉一点。

　　站在积雪的广场中央，我突然觉得世界好大。大到上海到洛杉矶2800公里的距离，大到算上冬令时中国和美国可以有十六小时的时差，大到只要轻点屏幕解除好友，一个人就可以在茫茫人海中消失不见。

　　一年的光热在那个冬天之后只残存着一丝余息。在那个无人陪伴的冬天，我把自己扔给了书籍，来充实空虚的生活。我把那封残忍的邮件打印出来，在一场又一场考试后细细阅读，提醒自己F其人曾经如此真实地存在过。直到有那么一天，我坐在咖啡馆的一角准备即将到来的托福考试，高高的椅背将我的背影挡得严严实实。然后，我看见了我同班的朋友们——衣着光鲜、容光焕发，甩着长发优雅地坐在咖啡馆的露天座位上。她们从叽叽喳喳的低语到按捺不住地开始高谈阔论，不时爆发哄笑，我厌恶地收起书本，准备远离这个被搅乱了宁静的喧嚣之地。忽然，我听到了关于F的消息，我心头一震，不受控制地坐下来旁听。显然我的朋友们也认识F，还知道他的生活琐事，仿佛相当熟识。然后我听到了自己的名字："你说小朋也真傻，我们平常对话中有那么多漏洞，她竟然一概视而不见！我跟她说，F是把自家电话和前女友手机号编成一个微信号碰巧搜到她，这家伙还真相信了！"随之爆发的笑声，将我完完全全地淹没。

F是假的，在她们口中这是一个对于我的冷漠的"小小报复"。我的朋友把F的世界当做一场游戏，仿佛造物主般拿捏着我的喜怒哀乐，欣赏着我如何为一个并不存在的朋友快乐、伤心、悲痛、失望。

F是假的，而他曾经让我觉得那么真实，真实到只需要轻轻捅破。

我的朋友们尽兴过后离开了咖啡馆，留下了满桌残羹。怔怔地望着在风中半凉的咖啡，我开始感到一阵一阵的恐惧，像触手一样紧紧攥着我的胃囊。在这个世界上，一个人的诞生或许只需要一个ID和几张照片。真相可以来得如此虚伪，而虚假也可以这么真实。你永远不会知道屏幕对面的人是谁，而失去网络，人与人形同陌路。多么可悲，人们之间的真实关系虚假到，只要轻点鼠标，就可以失去联络。F

可以是假的，那么我和"他"一起度过的、那无比真实的六个月呢？那么这个真实存在的世界呢？我忽然很想抡圆了胳膊扇那个说什么世界上任何两个人之间只隔着六个人距离的专家一记响亮的耳光。

　　我有一个朋友。而他从未存在过。

穆 然

复旦大学附属中学

　　我有一个朋友，他姓齐，我们且称呼他为齐先生。他是我高中时代的同学，总有一些奇怪的爱好。可是他是我们的好室友，如果地震了，他一定是第一个抄起笔记本并不忘记带走鱼缸里养的甲鱼的人。没错，他是一个喜欢养小动物的家伙，而他这种爱好曾经使我难忘。后来在街边的一家小咖啡店里，他给我们重新讲述了那个不同寻常的却又渐渐快要淡忘的故事。

　　小咖啡店为了营造气氛，把黑窗帘拉得严严实实，钢琴手有一搭没一搭地乱敲着钢琴键盘，零零碎碎的音符像眼前咖啡杯里的巧克力屑，最初略显突兀，却又慢慢融化到奶沫里，盘旋着，隐隐投射着被隔绝在窗帘外的午后阳光。我们听着齐先生讲他的故事，声音低沉有磁性简直像乐队里的低音贝斯。

　　那年清冷的深秋，齐先生带回来一只

兔子。

"那天天气真是太冷了,"他说道,"我简直以为冬天到了。你们能想象吗?或者说还记得吗?那天的天空是苍白的——活像在氢气中安静地燃烧着的氯气产生的火焰颜色。"我真诚地请求他不要破坏气氛,毕竟当年他的化学其实不怎么样。"好吧,好吧。"他略举起双手表示投降,袖口沾上了杯子里的焦糖玛奇朵。

"天哪,那只兔子的颜色实在是太可爱了,灰灰的,还杂着一点麻色,就好像一个胡乱裹着麻袋的小孩子。黑亮的小眼睛从毛里面露出来,耳朵耷拉在脑袋两边,长长的像舞累了的戏子的水袖,没精打采的,我想这一定是因为他没有足够的睡眠。他警惕地看着我,还想往后缩,真是的,有什么好缩的嘛,后面还是铁笼子呀,不冷吗?我把手伸到他面前晃了晃,他还是不为所动,不过瞧着还是特别可怜的样子,一副'已经逼我到这种地步了还想怎样'的神态。小身体毛乎乎的,鼻子一耸一耸,两只小前爪拼命往肚子下面躲。眼睛水汪汪的……哎呀呀,我想他要是有泪腺一定已经眼泪汪汪的了。"

说起那只兔子,我与一旁的张先生交换了一下眼神。张先生也是我高中时代同寝室的一位朋友,深受齐先生的怪癖之苦。我们都记得那只兔子,怎么能是"可怜又可爱"的呢!张先生的右手食指上还残留着当年兔子恶行的证据:那只兔子狠狠地咬过他。他的手指当时血流得吓人,我可从来没见过那么凶狠的兔子，食指上的血甚至流到了中指上，伤处血肉模糊，我还曾为那些喂了兔子的胡萝卜和白菜帮子感到难过。说那兔子像个戏子，也是有几分相似，性子虽然烈了点，但是其他时候还可以称得上优雅，而且在齐先生面前装得也很像那么回事。

"你们别这样看着我，我知道他确实不太好相处。"齐先生慌忙补充道，"但是有时他还是不错的。比方说，他从来没有在宿管阿姨查房的时候给我们找过麻烦呀！"他指的是那时候，一到阿姨来查房，他就把兔子放到阳台上藏起来的事情。我认为阿姨并没有想过，会有一只那么聪明的兔子，能够在她来检查的时候躲到空调外机后面或爬到抹布下趴着来隐蔽自己。张先生就从来不喜欢那只兔子，自从被咬了以后，他总是悄悄地把兔子从阳台里接回房间并且打开笼门，指望他能让自己陷入麻烦。不幸的是，兔子比他想象的要聪明得多，在我们寝室一躲就是三年。

"小花是我的小朋友。"齐先生推了推鼻梁上的墨镜，他有严重的眼疾，墨镜无法离身，"我可以把所有的事情都和他说。"那时候他竟然给兔子起了个名字叫小花，我还问过他怎么不叫小麻花，结果他还没表态，兔子就嫌弃地看了我一眼。"我告诉你们，他就是我的一个朋友。我还记得那会儿我悄悄在晚自修的时候把他带到教学楼里去，趁着下课让他到操场的草坪上散步的场景。晚风习习，小花吃够了草就在我前面不远处慢跑。黑沉沉的暮色把天上的云都染成了深蓝色的，能听见远处码头不经意传来的一声轮船汽笛，沉闷又温和，像利刃划破了空气，但是传过来时已经被削弱了势头。"他端起杯子啜了一口，"我当时总是害怕不小心踩到小花的尾巴，哈哈。我看不太清楚别的但是能够听见操场另一端的那群学生大喊着，被空气荡漾得听不清楚具体内容但与远处的树林间风声交织在一起。啊，年轻真好。"

说起兔子的夜间表现，我只知道它从来不睡觉。每天半夜 12 点都能听见齐先生准时爬起来照看它的窸窸窣窣的声音。"嗯，小花是不怎么睡觉。我怕他着凉，只好每天晚上给他盖点毯子之类的保暖。其实一开始根本没想到，直到有一天半夜我去上厕所，刚一靠近他才发现他根本没睡觉，眼睛猛地睁开，死死瞪着我，但是在发抖。两只眼睛像黑玛瑙，亮得不行，一直看到我心里去，我给他盖了点毯子就开始和他说话，他也就认认真真地听我说。小花能听懂我说些什么。"

说到这里，我突然觉得心里沉甸甸的，因为我想起高二那年，齐先生的父亲不幸病逝了。自从他的母亲早逝，在他十六岁前，他的父亲就带他走遍大江南北，最后才在这个江南的临水城市暂时安顿下来。他的父亲去世，对他来说一直是一个沉重的打击。他的生活像一潭静水被打乱了波光荡漾的节奏，努力掩饰着却被我们这些旁人看出来，又不敢伸手抚平他的伤痕，生怕那些伤痕又渗出血来。

那时候他整天脸上挂着笑容，但是我们无法得知他眼镜后面的眼神究竟有多么悲伤。我们也从他口中得知过他的父亲。那时候他还是个少年，语气中却已透着淡淡的沧桑，回忆着他与父亲如同《白马啸西风》的大漠时光。他还告诉我们："我阿爸带我去钓鱼；我阿爸带我去游泳；我阿爸带我去小溪里捞蝌蚪，我们站在大石头上用衣服的兜帽捞蝌蚪，蝌蚪好不容易捞到了却又漏回去，我着急去捉结果直接掉进水里，阿爸又得把我救上来，我们一整天一无所获但是很开心……"本来是洒满了细碎阳光的故事，言语间又莫名地充满悲凉。

其实当年那些话他本不是对着我们说的，是他蜷缩在床的角落里，双手捧着他的兔子说的，浑身无法抑制地发抖，上铺的张先生都能顺着床架子感受到他彻骨的悲伤。"小花是个好朋友，听我说我阿爸的故事，安静地盯着我的眼睛，我好像看到了小时候我阿爸的眼神。小花身后挂着蚊帐，他一边听我讲，耳朵都支起来了一些，末端还在轻轻抖动。他很温暖，我甚至能从他的眼睛里看到两层情感，一层是我已逝的父亲，一层是小花为我撑起了世界一角的温情。当时幔帐轻轻牵动，在月光下我仿佛看见我阿爸又回来了，拍拍我的肩膀，对我微微地笑……小花那时候也看着我，微微地对我笑，尾巴扫过我的手掌心，我调侃他'你的尾巴太短啦，够不到我'，他居然一下子扑到我脸上用肚皮蹭我……"

"即使我不打扰他睡觉，他也不睡觉，晨起甚至能看见黑眼圈。你们还记得后来我在寝室里点了各种奇怪的香吗？

可是小花还是不睡觉。"听到这里我简直想把手中的咖啡泼他脸上——那种奇怪的香！导致我们多少个不眠夜啊，他竟然还指望兔子靠这种东西睡着？"爱兔心切。"张先生开口评论道。

"后来我想通了，小花不睡觉一定是为了给我托梦。"齐先生终于发现了他已经一片狼藉的袖口，但只是把那一块脏了的地方卷了起来，"有一天晚上，我梦见一个人，身材修长，身着麻布衣裳，在城门深雨中与我共撑一把伞，走过城南开了又败只剩下斑驳的花墙，宁静地朝我微笑着，简直如水如青瓷一般美好。然而我却记不清他的面貌，只记得我们在遥远的梦里走过了青石板的老街，走出梦境。醒来时我只觉得一阵释然，生活恍然间雨过天晴。原来是有这么一个我看得见或看不见的人，在陪我渡过难关啊。后来我把梦告诉了小花，天哪，他的三瓣嘴居然露出了一种意味深长的微笑。"

"得了吧，"我打断他，"你直接说小花是你的梦中情兔呗。"齐先生有点着急地摆了摆手："我说过小花是我的朋友！"钢琴手已经把断章连成了谐谑曲，仿佛也在嘲笑他。"我只是想说，我的生命中原来一直有这么一位朋友罢了。"齐先生又摇了摇头，重新挂上微笑说道。齐先生并没有不合群，相反，他一直笑眯眯地对大家说话，然而，我们三年的高中生活使我意识到，他本来是一个把孤独藏在心灵最里面的人。

"我带小花去周庄听了一回戏，他很感兴趣的样子。我喂他吃了一点阿婆茶里面的花和莲子羹里面的银耳，美容养颜啊。"原来如此，我们一直不知道他有一次消失了一整天是干什么去了。而兔子的食欲，一直很惊人。夸张地说就是一边吃一边拉的节奏，每天齐先生打扫笼子都很无奈，没吃完的食物和一颗颗小咖啡豆一样的兔子排泄物混在一起，可是他不得不先把它们倒掉，然后教育他的兔子注意饮食卫生。我想象兔子对齐先生没好气地说道："你有病。把你的厨房和厕所放在一起你怎么注意卫生？就不能换个大点的笼子嘛！！！"

齐先生后来却不怎么喜欢听戏了，因为一年学校的艺术节上有一位男同学唱了戏后，他回寝室就发现兔子不见了。但是这一次他并没有像失去父亲那样消沉，只笑笑，对我们说他早就料到会有这么一天，不过没能等到兔子比他先离开这个世界，真是所能想象的最美好的事情了。"没有永远都不会离开的朋友。"齐先生把他的咖啡一饮而尽，"如果要对小花说一句煽情的话，我想说：'谢谢你给我的爱，让我至今难忘怀；谢谢你给我的温柔，伴我度过那个年代。'"我明白这是我们这次重聚的尾声。于是收拾好东西，离开了咖啡馆。齐先生却并没有与我们一同离开。

然而真正想到把这次聚会的故事记下来，却是一个月后。我收到了一张印着照片的明信片，是一个年轻男人正在推开一扇门。他披着一件灰中夹杂着麻色的长毛大衣，里面却穿着一件戏服，水袖一直垂到脚边，面容是朦胧的美丽。我一眼认出，那就是我们"听齐先生讲那过去的事情"的那间外观像邮局般碧绿的小咖啡馆，窗子样式却古色古香。可以辨认窗内围坐着的三人，一个是我，一个是张先生，还有一个就是齐先生。清秀的题字写着："无须担心，会有一个朋友陪他到最后。"

最令我奇怪的是，署名竟然是——"小花"。

李冰倩

金山中学

西伯利亚的春日到了。

太阳从雪域的那一头露出了脸，照得全身都暖洋洋的，我不由得眯了眼，伸个懒腰。

"嗷呜——"

对着金色的太阳，我伸长了脖子嚎叫。

"嗷呜——"雪域的不远处，我的儿子，他也在嚎叫。

蹲下了身子，趴在地上，任阳光抚摸我的皮毛。不远处，我的那两个刚出生的小孙子，正在嬉闹着，练习着儿媳妇教的捕猎技巧。

我已经老了，晒晒太阳才是应该过的生活。

阳光的温度真是舒服，不由得想起了我的那个朋友，在他的院子里，也是这样舒服的温度。

那也是一个这样温暖春日的早晨……

阳光洒在院子的青草地上，镀上了一层金色。我那样缓缓地走出属于我的小窝，抖了抖身上的皮毛，再仔细地理理。母亲曾一直夸我的皮毛是全家族最美丽的。

好饿，该是进食的时间了。

"吧嗒。"

院子的铁门开了，果然，克里斯带着我的早餐出现了。自从到他家之后，我就像人类一样，一日三餐从未间断过，这种日子真是惬意得让人留恋。

"嗯——"这样鲜美的血味儿，我伸了伸舌头，克里斯真是不错，我已经好久没有吃到这么新鲜的牛肉了，快要迫不及待了。

"喏，威廉……"他叫着他自己给我取的名字，虽然我不是很喜欢它，"给，这是鲜牛肉，很棒吧！"

我没有看他，只是对着我眼前的鲜牛肉，想着该从哪里下口会比较好。

"嘶……"

我一颤，停下吃我美味的早餐。用凶狠的眼光瞪着克里斯，龇起了还带着血迹的牙。该死的克里斯，不会轻一点吗？你难道不知道我的伤很重吗？

他一愣，果然是放轻了手脚，揭开我身上和腿上的纱布，那里还带着隐隐的血色，伤口长出了新肉，在阳光下粉嫩粉嫩的，像极了那个时候母亲的伤口。

"呜——"我低沉的悲鸣，我的母亲现在……

无心再去享受那块鲜美的牛肉了，我相信母亲在她的一生中都没有吃到过这么鲜美的肉，她只是家族里一头卑微的母狼罢了。

我趴在地上，克里斯轻轻地抚摸我的头，这样的春日，舒服极了。

我想起了西伯利亚，我的故乡，也是这样的寒冷中的温暖。我的家族是西伯利亚雪域里最强大的家族，我们的首领——我的父亲是最强壮的勇士！西伯利亚的每一头雪狼都知道他的名号！

只是，就算强大如父亲，也终究敌不过死神的召唤。父亲去世了，依照狼族的习惯，死去的狼是要被家族分食的。我含着泪，不肯下口。

可是，我的哥哥，父亲的第一配偶、家族中最尊贵的母狼的儿子，他竟然二话不说地吃掉了父亲的心和肺！只有家族的首领才可以享受的内脏部分，而且是父亲的内脏！他这是在自诩自己为首领吗？

我愤怒了，咆哮着冲向他，瞪着绿油油的眼睛，凶恶地龇起了牙，让自己看上去更加可怕，尽管我从来都不曾打败他。

他高傲地站在我的面前，家族中所有的成员都停下了动作。父亲死了，新的首领该出现了，我和他的决斗带着必然和决绝……

"呜——"我翻了个身，离开克里斯的手。剩下的事我不想再记得了，脑海里只是血红的颜色和母亲在决斗时冲上来的身影。

结果很公平，输的一方无条件离开家族，赢的一方成为首领。

那个春日里，我带着满身的血迹，无力地倒在雪域的土地上，温暖的阳光在身上的温度一点点地流失。光，照进眼睛里的灿烂在缩小，在粉碎。直至最后一秒，我看见了背光的，高大的克里斯。

换了个姿势，舒服地趴在克里斯的腿上，这个疯狂的动物学家，我的朋友。跟曾经的我一样，热爱着西伯利亚的雪域，热爱着雪域里的狼族。只是他的妻子似乎不怎么喜欢我们这些动物，尤其是在看到那时奄奄一息的我，那眼中的愤怒和鄙夷，就连我这头狼都感受得一清二楚。

之后的生活，便是像一日三餐般规律的吵架声，那女人尖锐刻薄的话语，总让我忍不住打个寒战，她像极了我曾经的家族里那头高贵的母狼。

直到，一切变得平静。

克里斯，我可怜的朋友，依旧是那样微笑着给我送来每日的餐点，依旧是每日来给我查看伤口。

"威廉……"他温柔的声音从头顶传来，"你的伤好得差不多了呢！"

"哼——"我从鼻子里发出不屑的声音，那么长的时间了，当然好了。我可是雪域里最强壮的狼的儿子！

"过几天，我想再去一趟西伯利亚……"

我一愣，从他的腿上站起，瞪着他，竖起了皮毛，夹紧了尾巴。他是什么意思？他要送我回西伯利亚吗？喉咙里发出凶恶的声音，我想让自己更可怕。我能感受到自己的身体在颤抖着，身上的伤口正在发疼，母亲那包含悲伤的眼神在我的脑中不停地回放……

不，我不回去！

"威廉……"

我躲开他欲伸过来的手，咆哮着，瞪着他。西伯利亚，那是我的噩梦。

"威廉。"他依旧温柔，向我踏出一步，"你在怕什么呢？难道你愿意一直都像一只狗一样生活在我的家里？去吧，威廉，西伯利亚才是你的家。去吧，你是一头高贵的雪狼，自由奔跑在雪域才是你的本色！"

我退了一步，可是全身的血液却像在倒流，沸腾着，灼热的，仿佛想从我的身体中奔涌而出。奔跑在雪域的那种感觉，自由美好，只要一经尝试便不想放弃。我眯起了眼，想起了父亲站在雪域最高点时的英姿，那一直是我想站上去的地方。难道我真的不愿回去？

再次踏上西伯利亚的雪域，熟悉的寒冷让我清醒，那样美丽的雪域高原，我的家乡，被金色的阳光镀上了一层金色，散发着光辉。

"去吧，威廉。"克里斯的话里有一种庄严肃穆，我看到他的眼中倒映着雪域的洁白。

"嗷呜——"

我嚎叫着，头也不回地离开了他，望着雪域的最高点，奔向西伯利亚的怀抱。

……

太阳完全升起来了，那样光辉灿烂的金色下的雪域真的好美好美。我躺在雪域的最高点，看着阳光下我的儿子，我的孙子，我的家族在视线里渐变成一条线。

克里斯，我的朋友，我很想你。

王朝阳
上海大学附属中学

一九九三年的秋天，我死了。

我久立在残阳没下的山头，唳叫着的雁从我上空的云暮中掠过，它的声音染上同血一般旷亮的鲜红，肆虐着这片满载着艳色的广阔大地。

我死着，死在天地间，死在这山壑的回响里，望着霞光那一头，淹没在地平线光中的，我朋友的墓。

我的叶在皱折枯萎着，我的枝干松落下斑驳的枝皮，我感受到深埋在地下的根，正苦苦哀求着干涸的怜悯，但只是无用的恩赐。我感受到这片旷野，在朝拜我伫立的山头，由沃田变为龟裂的石。

我在死着，朝向我朋友的墓。

秋天的阳终是要在我命逝前消去，不知何途的小径那头传来深辽的狗吠。我支起自己干瘦将死的身体，隐隐听到归家的号声，努力舒开干皱的树皮，渴望从山头，望见那陆续归去的农人。山头下的小道上布上了枯黄的草，那些扛着锄头，裹着头巾的人亮着嗓子，阔着步向霞光的那一头走去，那是我朋友墓的方向。冰冷地腐烂在棺中的人，他的双腿也曾结实有力地走在归家的农人中。

但你终是不在了，我的朋友。

我垂死在残阳下的山头，天色终于是要落幕，那些孩子们回来了吧，他们将会在我山头下的道旁走过。他们会提溜着布鞋光着脚丫奔着，手中串着池塘水中鲜活依旧的鱼。那是孩子，胀红着年轻的脸，迈着年轻的双腿在跑着，那是一个个何等年轻的生命。

你同我也曾这样年轻，我的朋友。

几十年前的山头是同今日不一样的青翠，我的朋友，你那时年轻傲气的脸在棺中已不见，但我必记着你那宽红的面庞，青涩的胡茬。你披着麻布般粗糙的衣，你将烟斗夹在齿间，蹬着布鞋将我种下的样子。我冒着翠嫩的芽，抖着柔劲的枝干，我的根浅浅地铺平在泥坑中，被你用双手压紧，它们汲取着你灌下的水，凉意传给我矮矮的芽头，我们便如此相识了，我的朋友，相识着年轻的我与年轻的你。那天暮晚，云光的那样。

现在的风在替我咳喘着，我老去的身体在慢慢地死亡，朋友，那远处的井边模糊的声音传来，咕噜噜的打水声将我浅浅唤醒，那是你的身影么，还是你在棺中未灭的形样。那打水的声音同往日听到的那么一样。

可惜朋友，那终不再是你。

往昔的岁月走得太急了，但我终究是察觉到时光在奔流的脚步。朋友，你同我一样在成长。我日复一日地映着朝起霞落的光，你总是在渴望年轻，而我却愿衰老，但我们同起的步伐一致的坚定。那样的，你日日从井边打来一盆清水，从我渐渐深入泥中的根旁灌下，我仿佛可以听到井线在井壁上圈圈画画的摩擦声，那些深深浅浅的凹沟是否也同我一样认识你，识得你日日奔跑的脚步。你会将盆放下，结实有力的双手扶上我的枝干，你手心中日日苦农所起的茧层层叠厚，预告着你老去的年岁。

我的朋友，我们就这样悄无声息地变老。

我看见云边沟壑间的光渗下，罩着现在贫瘠的大地，我正死着，风啸着我生命的别去，雁已归南，归家的人在远方亮起傍晚的灯，烟从村庄中的火苗中袅袅升起。暗了，那密密而又遥远的房舍中，哪一间才是你盖瓦叠瓦的屋子。是亮着灯的，还是早已入梦熟睡的。你圆润富态的妻子是否正在往灶中添柴，你顽劣的儿是否还记得往你灵牌前做一次鞠躬。

朋友，他们是否依旧还好。

我们在往昔的时光中不断地，不可避免地变老。朋友，你麻布般的衣服早已破旧不堪，你却也无暇缝补，穿着裸着大洞的鞋，步伐趔趄地爬上山坡，"你终是老了，伙计。"你这样地对我说，"同我一样。"你在和这座大山一起变老着，你手中的茧已经开始因干裂而蜕皮，你的皮肤也同我的枝干一样枯黄了。你农活完后常常久坐在我的身旁，这时往往会有星光淡出，你脸上痕痕的疤迹同点点的痣也会在暗去的光中看不太清。我的肢，我的身体也不再会变粗，它们仿佛像是卡了壳的钟表一样，不再同时光一起前行。但时间还是拉着你我一起向年迈赶去。

　　每日都会有日的升落，但渗透的光照在天地的土上终是不曾一样，尽头的云飘过的土地也变换了形样。你还是那样，日日坐在我的身旁，讲述着你的故事，只是叶落了我的枝丫，霜繁了你的鬓发。朋友，几千个日夜过去，你的故事却不曾一样。你儿时打碎的泥坛，你中年遇见的姑娘，你老年耙下的泥垢，你都一一讲与我听。你父亲母亲的离世被罩在鲜红的余晖中，你妻子的红盖头染上水的清秀，你儿的赤足从子宫落地开始尝试奔跑，由村头跑到我的山头下。

　　朋友，你的皱纹中染上了尘的泥泞，我的叶片上沾了风的刮痕。

　　光掩在厚重的天壁下，芒草开始停止颤动，风缓和下来，萧瑟地吹响我干涩的喉咙。四周广袤的大地开始进入沉睡，袒露出它结实的胸膛，迎接黑暗的来临，我将死着发出撕裂的呐喊，痛苦在腐蚀着我的根，它似乎已崩裂折断，朋友，在你那日的将死之际，是否亦同我一样的痛楚不堪。

　　但愿你是没有的。

　　午后烈阳蒸着我苍老叶眸，我看见那日死去的你。乡中的人们抬着你，步履沉重地，仿佛他们肩上的棺中葬着的并非是你，而是一汪漆黑的天。哀乐在唢呐中抖颤着迸出，一次次地，震裂着我枯去的叶子。你就那样地，那样无声地躺在棺中，人们将你运去了何方，我直直地盯着你消失在不知何途的小径上，朝见你的方向，你的墓，落在了遥远的天边，那是太阳出来的地方。

再见了朋友。

你葬入地下的数年后，我孤独地被冷落在瑟风中，人间月岁堂堂去，辞去的不只是你。我默默地，立在山头之上，望云卷云舒不再复回，就如同你一样，终无法再陪伴了。春去秋来，雁归雁离，这里面会有你渴望同我所讲的故事么。你湮灭的岁月依旧还好？

滚滚的黑夜降临，淹没了农人的旷田，淹没了你的墓。

一九九三年的秋天，我死了。

我死于雁唳的凄声中，死于农人的归途上。

我死于孩子鲜活的步下，死于万物皆老去的天地中。

我死在残阳败血的山头。

李健皞

格致中学

我有个老朋友，时常见面又时常分别。可是据我来看，他实在是一个与时代极其格格不入的人。也许是因为他的言行实在是太过特立独行，以致我现在还是经常会受到他的影响，仿佛有时连嘴和手也不是自己的了，反而成了他身体的一部分，做着他会做的事情，说着他会说的话一般。鉴于这文章是为写他而作，不给其一个名号，终篇用"他"为指代未免太过不便，就用古时文人的办法，取他姓名里的一字拆开；由于他很老气，就像鲁迅先生文章里的那些旧社会的读书人一般，便再给他添个"先生"，暂且称他"木子先生"吧。

木子先生是个很缺乏冲劲的人。按理说，我们的年纪，不管干什么都应是充满好奇，渴望尝试的。可木子先生往往只有前半部分，即只是好奇而已。学校里有什么活动，张贴在布告栏上，第一批注意到的总会有他。于是便看见木子先生双手背在身后，身子前倾，两只本就不大的眼睛在厚厚的镜片后面眯成一条细缝，仔细地研究那布告上的每一句话，仿佛要透过那不过是通个信的布告单，把主办者的每个意图都探究个清楚似的。待他终于细细地看完，慢慢地缩回身子，却多半只是慢慢摇摇头，叹点类似于"官气"或是"无聊"之类的短语，似乎经过他的研究，那些活动的目的，多半只是为了博哪个大人物一笑，就像是烽火戏诸侯那样的误国把戏，终究不值得一试一般。至于木子先生本人的一举一动，也处处散发着一种和年龄不符的老气：倘若你看见他双手照例背在身后，一晃一晃地向你踱来，肯定会怀疑他是否太显年轻，而事实上是个已过了知天命之年的老人。教过我们化学的一个年轻老师曾经指着他对自己的同事们说："木子先生走起路来就像个老头子一样。"事实上当时我就走在他旁边，而且我很肯定木子先生听到了那句对他的诽谤——他的右眼即刻跳了一下，好像在赶走什么停在那里的蚊虫，紧接着鼻孔微张，从中喷出一声"嗤"来，气势十足，然后便又恢复正常了。也许哪只我看不见的蚊子已经被他吹跑了吧。"自己年纪才多大，也配说别人老气。"木子先生是不承认自己老气的。

按理说，在我们这个年纪，对社会评头论足，对一切新奇的东西大感好奇并不是什么很稀奇、很扎眼的事情，甚至是有些司空见惯的。可木子先生仿佛要跟这时代大潮流作对，要否定它极大的影响力一般，是从不会对任何流行的东西，任何生来就要惹起争议的事件起兴趣的。正相反，木子先生很看不起那些在当今流行的微博平台上叱咤风云、妙笔生花，刺贪刺虐入木三分的大红人。按照他的说法，人活在世界上还是少知道些事情好；整日流连于此类消息中，满眼尽是万马齐喑，大厦将倾，连天上的太阳都要怀疑是不是由哪个野心家趁夜深人静之时偷偷换上个终日发光发热的大灯泡，以欺愚民百姓"艳阳高照"一般。他说过的一句话我尤其印象深刻：社会的阴暗好比路旁的污秽，是让人唯恐避而不及的东西；然而总有人喜欢围在污秽周围，对其大加抨击，说它是"多么肮脏""居然出现在马路旁使人人不适"之类；其实正常人若是看了感到不适，早已掩鼻走开，不想多待一秒，又怎么会围在一摊污秽旁边评头论足呢！会如此做的，怕是只有诸如苍蝇之流吧！至于流行，在木子先生眼里更是犹如洪水猛兽。全班，只怕全校，都只剩他一人还在用早已过时的铅笔盒，而不是轻便的笔袋。更不要说他那个斑驳不堪，像他自己看上去那样饱经沧桑的笔盒——上面的彩绘恐怕在我认识他以前就早已只能勉强辨认——据木子先生的说法，那是他从小学时就在用的东西，原因是一直没找到更好的笔盒，便一直用到现在。说这话时，他的表情仿佛不是在说一个简单的笔盒，一个无机的物体，而是一个多年的老友，一个有机的生命似的。

　　然而，木子先生的老气却也给他博得了几分尊重。木子先生不喜运动，对篮球运动尤是嗤之以鼻："篮球使平日饱读诗书的学者也突然成了争强好胜的野兽，拼了命地争抢那个小小的橡胶球，为的是证明自己比别的个体更有技巧，更有力量，仿佛动物的争抢配偶一般。"因此，木子先生很喜欢的一项运动是读书，尤其是民国和近代诸位大师的作品。因而他的文章里也处处带着一股很浓厚的时代气息。换句话说，就是"极有文采"。有一次木子先生当面刺激了班上脾气最爆（自然是最喜欢篮球）的男生，结果后者愤怒地撕碎了自己的一张试卷，却终究没有打他。末了还放了句狠话："看在你看了那么多书，那么有文采的分上，我不打你。"然而木子先生并不十分开心，因为他并不喜欢被当做一个终日把自己关在象牙塔里穷学究的老学者。不过，既然说到学究，就不得不提一下木子先生对于中国传统的见解了。以下出自对木子先生一篇关于中国文化的作文的回忆：

"……依我看，中国文化应是一坛敞口的，极醇的老酒。由于是敞口放着的，坛口自然是积满了落叶，灰尘，还有无意中掉入坛中淹死的虫子。然而这老酒是如此香醇，以至于它的香气早已飘过了好几里地，甚至勾起了平日从不沾酒的人肚里的馋虫。慕名前来的大约要分三种人：第一种只是单纯地慕名而来，心中并无对品酒的渴望。看到满坛的污物，自然是早已被恶心得半死，便头也不回地走了；第二种是有一定酒瘾的人，终究耐不住诱惑，小心地撇开污物，小酌一口，顿时自觉神清气爽，尝到了世间独一无二的美酒，也丢下酒坛跑了，去跟那些从未尝过酒的人大肆宣扬这酒有多么好，至于当时喝下肚子的到底是什么味道，也并不记得很分明，根据自己平日喝下的糟粕随意发挥一下，便就是了；最后一种人酒瘾最重，被香味神魂颠倒地勾了来，看见酒坛便饮，哪管喝下肚的是灰尘小虫还是精华，就这样醉倒在坛边，只顾喝酒，哪还管得上向周遭炫耀？即使想说话，也只能吐出几个带着酒气的糊涂音节，然而这音节却总好过神志清醒，却满是糟粕味道的长篇大论了……"只可惜这篇文章并未像往常一样被老师当做典范美文给同学们欣赏，只有我这一个跟他借了来看的观众而已。木子先生也觉得有些可惜，然而终究没有办法。若是现在知道自己文章的一部分得以重见天日，想必是很高兴的吧。只是不知道木子先生自己是他笔下三类人中的哪一类？

虽然木子先生与我时见时离，他对我的影响确实很大。每当我受周围一群慷慨激昂的愤青们的影响，也想张开嘴来发表些拙见的时候，说出口的却是木子先生的"污秽论"；看到什么新鲜东西，想把手里的旧玩意儿换掉，总是想起木子先生那个饱经沧桑的笔盒；就连在书店里看到那些标题俏皮，却仍归在史学类的书时，也总是忍不住想起木子先生描绘的三个寻酒的剪影，转而去找那些封皮上除了封皮上该有的（作者，书名，出版商）之外便是空白的书……有时我甚至忍不住这样想：木子先生给我的影响如此大，以致他的言行和思想都化为了我的一部分——也许"木子先生"从一开始就从来没有存在过呢？那我究竟是在写一个暂称为"木子先生"的老友，还是在写我自己？这连我自己也不是很清楚了。

他说，

我有一个朋友。

……后来他死了。

…………我就没有朋友了。

………………最后我也死了。

我想，不是我们上辈子就是朋友，而且在上辈子发誓永生永世做朋友，就是我上辈子太可怜了，上帝看不下去了，就派来了他，总之我们相遇了。

我想，之前的十年里，我努力做到"交结知名，声誉发闻"，就是为了等他来吧。

果然，我候到他了。

我们"升堂拜母"，相结为好友。

他邀请我去他家住，我很高兴。

舒县的春天是有桃花的，一大片一大片的粉红，总让人忘记中原的战火，满心只有这一片大好河山。

而当我们想起外面的纷乱时，我总会指着中原的位置对他说："总有一天，我要带兵打到那里去，打下那一片大好河山！"

他笑笑说："好，到时候你是君，我是你的大将军。"

我也笑了，说："好。"

077

那时候，我们总在舒县的桃花树下谈论时事，说着北方哪个军阀又被哪个军阀消灭了，说着以后我们一定要把他们都打败了，说着昨天夫子教的《孙子兵法》，说着火攻的具体事宜。

那时候，我们总觉得，如果真的用火攻的话，一定是很美丽的景色。

我想，和他在一起的日子我一定很高兴，所以才会经常笑，所以史书才会评价我"美资颜，喜笑语"。

后来，父亲殁了，虽然伤心，但我想这也是我的机会。

于是我假意投靠袁术，只愿取回父亲的兵。

我渡过了长江，走之前，将我的弟弟、母亲留给了他照顾。他同意了，并且祝我好运。我笑了。

袁术许我九江太守，要我为他办事，我完成了，他反悔了。

袁术又许我庐江太守，要我打下庐江，我打下了，他又悔了。

于是，我恼了，要求要回父亲原来的部下，欲自行平定江东。

走了一路，收了一路的人，打下了一路城池，士兵越来越多，早已不是刚脱离袁术集团时的样子了。

《江表传》曰：是以士民见者，莫不尽心，乐为致死。

建安三年，我们再次相遇了。

他看到我，很高兴地说："我追了你八百里，终于追上你了！"

我笑了，说："早知道你要来，我一定让你再追我八百里！"我最好的朋友啊！

我对众人说："公瑾英隽异才，与孤有总角之好，骨肉之分。如前在丹杨，发众及船粮以济大事，论德酬功，此未足以报者也。"

授其建威中郎将，即与兵二千人，骑五十匹。

后来，我们娶了江东最美丽的姐妹花，结为连襟，关系更亲密了。

那时候我们整天在沙盘上演练，憧憬着有一天可以足够强大，能够打到中原去。

再后来，中原的军阀被一个大军阀消灭完毕，他决定南下来消灭我们了。

我命他为大都督，我知道，他可以的。

他算准日子，借着东风之势，在赤壁上烧了一把大火，漫天的大火，果然和我们当年在舒县幻想的一样美。虽然和桃花的颜色不一样，但我还是想起了当年舒县的桃花。

我站在船头，看着大火，看着敌军焦急的样子，看着往水里跳的敌军，纵使有一点点的不忍，内心还是很痛快的，想着自己痛快的这一仗，想着这一仗至少能挫败敌军的士气，让他们短期之内不敢南下了。

旁边是他，英姿雄发，我知道他内心一定也是极自豪极痛快的，他一定想起了我们当年的誓言，北定中原。

好像听到后面有小兵说："不愧是被誉为江东双璧的孙郎和周郎啊。"

是啊，我的朋友啊……我们是江东双璧啊，我们就是他们心中的神灵啊！

……

后来，我在地府待了十年，第十年的时候，我遇见了他。

他说，我们没有机会实现我们的第一个誓言了，北上、平定中原。我说，没关系的。

他说，你不知道没有你的十年里，我一个人独自守着江东的累。我说，我知道的。

他说，你弟弟也找到了一个志同道合的朋友。我说，那很好啊。

他说了很多，很多我知道的，和不知道的。

他说，下辈子，我们还要相遇。我说，不论是君臣，是师生，是兄弟，我们都是永远的朋友。

最后，我们发现，赤壁大火再美，也美不过舒城桃花。中原河山再美，也比不过江南有彼此的那一亩地。

我们等来了弟弟，等来了很多人，即使知道了我们打下的江东已经易主，也不曾伤心，只是感慨万千。

那时，我们才知道，有朋友的地方，才是一片，大好河山。

那时我们年纪小，你爱谈天我爱笑……

江山不再，与我何干？只要我们的家乡在，只要我们的朋友在，就很好了。

百年之后的评价，与我又何干？不过一句"策英气杰济，猛锐冠世，览奇取异，志陵中夏。瑜有王佐之资，建独断之明，出众人之表，实奇才也"。

我只知道，我和我的朋友，在百姓眼里，是孙郎和周郎，是江东双璧，是江东传奇的一部分。

我只知道，我这辈子叫孙策，他叫周瑜。

＊注：历史上，赤壁之战时孙策已经死了。(孙策死于公元 200 年，周瑜死于公元 210 年)

焦怡迪
第三女子中学

这里，是你从未了解的一个世界，一个黑白颠倒的世界。

这个世界只有两个国家——真话国和谎言国。真话国的国王崇尚真实，谎言国的国王以胡编乱造为做人标准。真话国与谎话国经常发生战争，因为他们的国王经常发生口角。

真话国里不全是说真话的人，那住着几个骗子，他们的满口谎言却受身边的所有人爱戴，因为他们的话太动听了。当然，谎言国里也住了几个"傻子"，他们只说真心话，他们的话太真实了，以至于人们都喊他们"傻子"！

哦，忘了介绍我是谁了，我叫赖尔，就是住在真话国里，那些骗子们的"头儿"，我承认自己是个骗子，是个满口谎言的大骗子。先别鄙视我，我是有朋友的，他叫图斯，就是那个住在谎言国的

"傻子"，他太爱说真话了，也难怪别人喊他"傻子"，他对于真实就是有股狂劲儿！

我们是在真话国与谎言国共同监狱认识的。我进监狱很好解释，就是有天谎没编圆，露馅了呗。要说图斯为什么，其实到现在我也没想通。

图斯刚进监狱时，还是个二十多岁的胖小伙，脸圆圆的、眼睛特别亮，一副稚气未脱的样子，总爱抿嘴笑，身上打理得很干净。狱长让他做我的室友，我很郁闷，因为在他身边，注目我的目光全没了，而且，最令人痛恨的是：他的"过度整洁"显得我"极其邋遢"！——满脸络腮胡，洗得发黄的衬衫，纽扣还丢了一个等等……还有，我什么好处都没给他，他会帮我整理带给我真实感的乱床铺，活在他身边，快把我逼疯了！因为我不知道该如何感谢他的"好心"。

终于，有一天，图斯没吃饱就上工，昏倒了。我把他抬了回去，把我早餐时偷塞进衬衫的馍馍给他吃，他感激地看了我一眼，狼吞虎咽地吞了下去，我注意到他看我时，眼角还有泪花。他肯定以为那馍馍是我问狱长要来的，真是个"傻子"，不过要是知道是我偷来的，我敢打包票，他是不会吃的。我很少被人感谢，上一次听到"谢谢"时，已经遥远得我想不起来了。不过这两字真的很好听……反正从那以后，我就把图斯当成了朋友，常给他我偷来的馍馍吃，当然，他至今还以为是救济品。

有个晚上，图斯翻来覆去，搞得木床"吱吱呀呀"乱响，那刺耳的声音毁了我的好梦，要知道，在那个梦里，我正捡黄金呢！一定是我太生气了，在黑暗中，我准确地跳到他面前揪起了他的衣领，我正挥下的拳在半空中停住了，揪着图斯衣领的手感受到了他身体的抽动。"你病了？"我赶忙开灯。却发现图斯眼角挂着泪滴，眼眶通红，脸上还有用脏手抹眼泪，留下的几道泥。"你哭了！"我一定是太诧异了，以至于说"哭"字时音都劈了！我从没见过图斯哭，他总是对我抿嘴笑。

"说，谁欺负你了？"我撸起袖子，打算冲出去为他抱不平。他拦住我后，又抿嘴笑了，那个笑真丑，因为他几乎是笑和哭同时进行的。他低头，不好意思地抹把泪，拉出把破椅子，示意我坐下。他叹口气，告诉我了一个让我震惊，也让我一辈子想不通的故事。

下面我就要告诉你们这个故事。这个故事的内容全是真实的，我发誓，真的真的是真实的！

图斯以前是谎言国的粉刷匠，因为他粉刷得细致，所以谎言国的国王比格莱每两年都会请他去和宫里的粉刷匠一起，把宫墙粉刷一遍。那年，他按规定被邀去粉刷宫墙。当时真话国和谎言国再次开战，谎言国国王比格莱为了节省开支，让工匠们只粉刷风化严重的钟楼就行。图斯做工细致，粉刷得很慢，常是最后一个收工的。粉刷匠工头对他吼："傻子，你能快点吗？"

他不喜欢粉刷匠工头，他总是满嘴臭酒气，一咧嘴就是一口黄牙。他虽是工头，却干得最少，他把他的工作都强加给了别人。不做工时，他总是在钟楼里左顾右盼，不知道在找些什么，有时会一直找到晚上。工匠们都说，他在找钟楼地板上松动的金砖，好偷回去卖个好价钱。晚上他收工后，总会绕道去杂货店买酒，还一定得是店长的女儿收钱，图斯知道那个女孩，她叫凯迪，金发碧眼，很漂亮。图斯不喜欢工头去找她，"凯迪很善良，从不叫我疯子。但工头总去找凯迪，就像，就像，癞蛤蟆想吃天鹅肉！"图斯紧攥着拳说。

我被他逗乐了，"后来呢？"

战争持续了一个月，仍没分出胜负，两个国家的财政都开始吃不消了。双方国王定下契约，两天后正午，决战！最先打败对方到达交界线的国家，就是赢家。因为上次战争，谎言国是胜者，所以时间遵照谎言国钟楼时间。

图斯不关心战争，他不愿看到血与一个个倒下的国人。可是他关心粉刷匠工头，他不想让他再去找凯迪，他觉得工头会带坏凯迪。于是，他决定每天跟踪工头，看看工头会干些什么坏事，他好告诉凯迪别再理工头了。图斯的跟踪计划就从两国国王定契约那天起。

图斯发现，工头每天收工后，都会偷偷摸摸地溜出来。"一定是干了什么亏心事！"图斯咬着牙说。接着，工头会绕小道去杂货铺，按惯例买一瓶酒，交钱时，工头四下看了看，从包里拿出一叠厚厚的、值面很小的钱，飞快地塞入凯迪手里，凯迪胀红了脸，不好意思地看着工头，工头对他抬抬眉毛。"那态度太恶心了，我差点冲过去揍他!"图斯气呼呼地说。

我当时差点要笑出来了，偷馍馍都不敢的"小绵羊"要揍人? 笑话!

图斯看了我一眼，示意别打断他。

第二天，也就是决战的前一晚，图斯继续跟踪工头。他要看看他究竟在做些什么。这天，工头显得特别高兴，他哼着不成调的小曲儿，"咿咿呀呀"、晃晃悠悠地走到杂货铺。他买了两瓶酒，从包里拿出了更厚一叠零钱塞到了凯迪手里，还眉飞色舞的，凯迪也害羞地笑了。我当时气急了，凯迪真傻，那工头在调戏她，她还冲人家笑。我不禁攥紧拳头砸向身前藏身的马车，惊着了马。马的叫声也吓着了工头和凯迪，我看到有个金色的螺丝钉从那叠钱里掉落，在地上打着旋。"我一下子就认出来了，那是钟楼里大钟上的螺丝钉!"可是，一抬头我看到工头眯起了双眼，向我看来，眼角那些皱纹好像干裂的泥潭……

决战那天，我尽量装着正常工作，可是总是做错事，该刷白颜料的地方，被我涂上了黑色；该画黑图案的地方，被我淋上了白油漆。工头那天特别暴躁，总是骂我。我觉得已经死到临头了，可工头迟迟未宣布我的"死期"。我担惊受怕了一上午，好不容易挨到了十点半的调休，我连忙躲进了马厩。不久，两个穿奇怪战服的司法兵就来抓我了，他们把我从马厩里揪了出来，硬生生把我塞进了狭小的车厢。

说到这里，图斯再次流下眼泪，我本以为他是委屈得落泪。后来出乎意料的结局，告诉我他的眼泪并非那么简单。

两个司法兵说要把我压到监狱去，我问好多次为什么，他们什么也没告诉我。车刚一走，钟就响了，厚重地摇荡了十二下。"时间根本不可能过得那么快！我躲进马厩时才是十点半换班后不多久。"图斯眼神坚定，"一定是有人把时间调早了。"接着随着晃晃悠悠的车厢，图斯听到了一阵阵欢呼，那是真话国的欢呼声。

"我就知道！"我掩盖不住心里的窃喜。"听我说完！"图斯打断了我的调侃。

押载我的马车，走的都是羊肠小道。"可是，你猜我透过车厢木板的缝隙看到了什么？"

我摇摇头，等待着答案。

图斯冷笑了一下。我不由地起了一身鸡皮疙瘩，那种成熟不适合他。

故事的结尾让我傻了眼。图斯说：真话国的国王从凯迪手里接过几个金灿灿的螺丝钉，拥抱了凯迪，又拥抱了工头，接着，我看到他打开了一个大木箱里面装满了黄金！他说那是给凯迪和工头的！

说到这里，图斯已经泣不成声。我也听傻了。真话国的国王买通了凯迪和工头，让他们做间谍，在决战那天，让钟在十一点时鸣响十二下！

怎么可能？图斯说凯迪很善良！

绝对不可能！虽然我爱说谎，但我一直相信真话国的国王只说真话！

这个世界似乎没了真话与谎言，没了是与非！

"为什么？"我问图斯。

图斯已经不哭了，眼神空洞，摇了摇头，沉默着。

我有一个朋友，我人生第一个朋友。他为真实疯狂，也让我感受到了真实的疯狂！

"最近感觉怎么样?"

"还行,我一直按照你说的在写,我今天把它带来了。"

"看来这个疗法还是效果不错的,你先继续,我会看看你的记录,然后决定之后的治疗措施,记住一定要按期来,药不能停。"

"唉,知道了李医生,我先走了啊。"

"嗯。"

她默默停下手中的活计,看着那个病人扯着微笑的嘴角,礼貌性地向他告别,慢慢走出诊疗室。她快速穿过隔间,凑近麦克风,熟练而大声地唤:"下一个!"接着如风一般地关上隔间的木门,将下一个病人的挂号单和病历卡放在他手边。

她是一个普通的医学院的学生,正在

这个城市里最大的医院的精神科实习，而刚刚病人口中的李医生，是精神科的主任，年纪却轻得很，刚三十岁，白白净净瘦瘦高高，黑和白似乎在他身上体现得极为得当，因为他出色的超越常人的能力，是医院里的风云人物，医院宣布他就任精神科主任时，整个医院里的气氛就像哈佛诞生了史上最年轻的博士生；因为终日沉默寡言的性格他还没有成家，弄得医院里单身的小护士、女医生每年都为之翘首；而跟在他身后实习，更是医学院每届女实习生的心愿。她却在众人的羡嫉中波澜不惊：她只是个从北方小县城里靠着一纸文凭飞出的土凤凰，她只盼着快些能通过考核，开始工作，更是要一定去达成一个念想。

"红色。"李医生顺手将一沓薄薄的纸伸到她面前，眼睛已经凝视起了门的方向。

她微微吸了一口气，这两个月来她已经习惯了他惊人到震撼的惜字如金，听着他机械化一般对病人的问话，双手接过，打开壁橱，塞进那个红色的文件袋里。

"还在记录吗？"
"我每天都在拍，存档了，这是我要交给你的光盘。"
"谢谢，注意坚持，药不能停，一定按期来。"
"好。"

又是这样的对话。

大概是个差不多的病例。

这似乎是李医生对于精神分裂人格病人的一种治疗方法，根据情况看，这个疗法似乎刚刚起步，他本人也持有谨慎态度，也许这就是他每次都要督促病人不能停药、按期复诊的原因。

能这么年轻当上主任也是有点道理的。她悄悄在心里想着，不料却对上李医生苍白得没有焦点的目光，赶紧吓得收了回去。

江南的梅雨天里湿淋淋的潮气总是让她的膝盖一阵疼，周五又下雨了，病人倒还是一样的多，李医生的眉宇似乎比平时更为紧皱，阴雨天会很大程度地影响人的心情，对于患有忧郁症等疾病、敏感度很高的患者来说更是不利。一整天她都没敢说几句话，强憋着自己挤出微笑，膝盖的痛楚如同深海里的洋流，一波又一波地袭来。

总算挨到下班时间，走廊的灯关掉了大半盏，玻璃窗外哗啦啦地倒灌着雨，白色紫色的紫阳花开出花蕾，雨水汇成一股一股的，点染成青葱，顺着叶瓣上的纹路落入泥土。

尽管因为工作关系已经很久没有碰过恐怖片，但是她还是想起了上中学时和班上女孩子们一起跑到城里唯一一家电影院壮胆看的一部片子，依稀记得背景设立在医院，一片的煞白和血红。

父亲。

还有父亲。

小时候在阴晦的雨天父亲会给自己讲鬼故事，讲山里的鬼怪和妖神，总是吓得她瑟缩进父亲宽厚温暖的怀里，只敢露出一双眼睛，偷偷通过窗户看家前的大山，被笼罩在雨中一片朦胧的雾中，像极了父亲口中山鬼的毒烟，往往这个时候，父亲都会哈哈大笑逗着说自己是个胆小鬼，但又总是紧搂着她摇啊摇。

然后，然后怎么样了来着？

父亲有一天突然就疯了，一会儿是以前的那个父亲，但是一直是困惑无比的表情，一会儿是她完全不认识的父亲，好像是另一个人，只是披着父亲的皮，冷不丁地就不动声色地将一个碗还是一个杯子清脆地打碎在她面前。啊，对了，手上，她晕晕乎乎抬起左胳膊，有一块小小的伤疤，那是父亲发病时弄伤的，在那之后母亲就带着父亲去了趟附近的大城市，回来时只有母亲一个人。

"妈，爸呢？"

"你爸在医院治病，病好了就能回家了，英子手还疼吗？"

她记得自己使劲儿地摇头，那可是爸爸啊，怎么会怪爸爸呢？等爸爸回家了，一定要告诉他：英子不疼，不怪爸爸。

但她终于还是没有得到这个机会，一年多后送来的一口大木盒子，送着父亲入了土，她没有像奶奶和妈妈一样地哭，甚至还挨了打。"你爸爸走了你都不哭？你这白眼狼！！"

走？什么叫走？爸爸不是去治病了吗？怎么会走呢？！不对！！一定不是这样！！！

后来高中的心理课，那个头顶油光锃亮的老师说，这样的，叫人格分裂，明明是一个人，却有很多种截然相反的性格，每个人格都不一样，不记得另一个人格做过的事情，严重的就会发展成精神分裂致死，所以同学们要多关注自己的心理健康。

原来如此。

后来又怎么样了？她在高考的志愿单上填了医学院，然后考进了，她的内心就只有这样一个想法：爸爸当年不是被送进医院治病了吗？为什么会发展到不治身亡的地步？我要拯救像爸爸一样的人，而且，要把那个当年的主治医生找出来。

"傻站着干吗？"

"啊！！！"

她正陷入自己的世界，突然一只冷冷的手用力地拍了一下自己的肩膀，她第一次那样疯一样地喊了出来，比第一次听爸爸讲山鬼还叫得响。

"……你是要干吗？"

"啊李医生对不起，我……我刚刚在想事情，被吓了一跳……"她的声音越来越小，低垂着头，怕一抬头就被他凌厉到如刀锋一样的眼神剐得粉身碎骨。

"抱歉，我送你回去吧。"

"啊？不用了……不用了……"

"你膝盖不是疼么。"

"李医生你怎么知道？"

"你是北方人吧，不适应江南的梅雨季节很正常，而且，你平时走路可不像这两天，这个时节事情很多，我不想我的助手倒了弄得我一堆事。"

"啊……这样啊……谢……"

"走吧。"

她第一次那样看清他的背影。

要是那帮小护士，估计现在就会幸福到晕倒，还得立马送进我们医院里去。

"你想什么呢?"

"啊……没什么……"

"你脸上的表情显示得一清二楚，你这样单纯的人，到时候看那么多病人自己都要疯了。"

她只好呵呵笑一声掩过尴尬，挠挠自己的头。

李医生看看她，居然扯动了一下嘴角，虽然只是短短一瞬，却被她的瞳孔捕捉到了，那是他面对病人都不曾显露过的微笑。

"再见。"

"再见，谢谢你啊李医生。"

他微微点点头，随即就消失在了雨中。

果然，那么受欢迎还是有道理的啊。她在单元楼前呆呆地站了一会儿，摸摸自己有点发烫的脸转身上楼。

黄梅天过后是那样的清爽，夏天年轻而茂盛的气息在大街小巷铺展开来，她开始每天都到得很早，步履轻快而无忧，北方女孩高挑的身线浸染了南方曼妙的柔情。她和李医生的话开始多了起来，不只是"红色"和"资料"，她开始知道他的毕业院校，父母严厉的性格还有讨厌吃的番茄，虽然还是很惜字如金，但一切似乎都在美好中繁衍开来。

"中午把壁橱里的文件夹整理一下，把文件夹都放在一起，光盘等视频资料放在一起，其他的文稿纸什么的你看着过期就扔。"

她打开壁橱，想起上午那个极为不习惯的"黄色"就分外难受，也许是心理作用吧，教授上课不是讲过吗？不小心分了个神，好多张文件夹倒了出来，口又没有封住，文稿纸、打印纸，还有各种本子"哗啦啦"地倾倒了一地。

完了完了，李医生每次都说要放进红色的文件夹一定是有用意的，这下怎么好？！

她赶忙捡起一地的纸和本子，突然发现一个奇怪的地方，所有纸还有本子的封面，标题都是：

我有一个朋友

我有一个朋友？

她咽了咽唾沫，昧着心开始看纸上的内容。

"李医生告诉我我得了人格分裂症，我需要每天这样记录，但是我不能急于求成，要把其他人格当朋友相处……"

"我今天早上起来发现自己不在家里，因为只穿了睡衣所以很冷，我不知道我昨天干了什么，但是手上有新鲜的伤痕，看来是我的'朋友'干的……"

"我不想活下去了……每天这样断断续续的记忆……"

"我要杀了我自己，不，是我的'朋友'。"

她"啪"地把本子合上。

怎么会呢？

她开始疯狂地翻阅，但是内容都是换汤不换药，很明显
患者的精神状态低落无比，完全没有治疗的成效。

"啊看来这样还是有效果的……"

"嗯，要坚持。"

"继续……"

李医生的话语源源不绝地进入她的脑海里，他是要
干什么？他明明知道病人的状况恶化了?！他为什么还要
如此!!!

那口载着父亲遗体的棺材，她一辈子也不会忘记。

"说吧，为什么？"

他好看的眉眼向上挑了挑，"你看了我病人的记录？"

"呵，再不看就要出人命了!!! 你这主任就悠哉吧!!"

"……"

"你觉得我悠哉？"

"这是我十年前像你一样当实习生时想出的疗法，把药品提量，先将非正常人格保持情绪平缓，再改兴奋类药物，用正常人格排除不正常人格，但是我失败了，我坚信那个时候我还年轻，我会成功的，但是现在，呵呵，一个又一个的失败品……"

"你失败了？"她感觉自己像在吞一把刀子。

"对，那个时候有个大概三十多岁的男病人，附近乡下来的，还有他妻子陪着他，他的人格分化正好是适合我实验疗法的最佳实验品，但是我中间一步的物理药剂控制出错，导致他非正常人格暴走自杀了。"

三十多岁、附近乡下来的、男病人、人格分化较严重、他的妻子、死亡……很多很多的词汇像乱码一样地迸发出来，快要把她的脑容量撑破临界值。

"我把这个计划叫做'我有一个朋友'，那是我的第一个试验品，我也对不起他，他叫王勇。"

王勇。

她突然开始笑。

那是她最爱的父亲，原来，凶手就是眼前的这个人，她甚至还对他抱有了好感。

"真是缘分啊。"她笑得妖娆无比，如同办公室窗外那朵唯一的、血红色的紫阳花。

"我是王勇的女儿。"

几日后。

临泉医院精神科主任李凌，因涉嫌将患者施以精神实验，并导致两名病人自杀身亡，处以革职，并由家属告上法庭……

我有一个朋友。
是她，是他。

我有一个朋友。
我非常讨厌他，她。

我想杀死他，她。

张予立
金山中学

"婉儿，瞧我给你带来什么了。"

初醒之时，我觉得我的身体被什么东西紧紧攥着，动弹不得。

"这是娘亲告诉我的，是一株桃树的苗。我记得婉儿你最喜爱的就是桃花，所以给你带来了，婉儿喜欢吗？"稚嫩的童声，是个男孩儿。

握紧的拳头渐渐松开了，眼前出现了明媚的光，一个年幼的女孩正好奇地向我这边看。她那星子般明亮的杏眼儿滴溜溜地转着，随即露出了天真无邪的笑容："喜欢，哥哥送我的自是喜欢。"

此后，我便在女孩儿门前安了家，女孩儿总是会定时来为我浇水，我觉得自己在一点一点长高、一点一点变得强壮，和女孩一起成长。

女孩每当有心事，总会来找我倾诉，虽然我无法用言语回答她，但我打心底里喜欢这个天真烂漫、富有情怀的女孩儿，也许我会晃一晃我的枝叶、摇摆一下我的枝干，她竟能看懂我的心意，我们就这样渐渐成为了朋友。

"桃花，你今日竟是开花了，你说，这是不是什么好兆头啊。"

我看不像，心中暗暗回答，婉儿，看你垂头丧气的样子，便知道你心中的忧愁有多深、不安有多重。

"桃花，你说，哥哥的志向在四方，他总是说，我们的国家需要我们自己来守护。我一个女儿家，究竟怎样可以帮他分担呢？桃花，我希望可以守护他的梦想，只祈求在他去遥远边塞的路上、在皎洁的月光下、在璀璨的星夜里可以时常想起婉儿，想着婉儿用双手小心翼翼地捧着他的梦，等待他得胜归来。"

婉儿婉儿啊，我知道你虽然听不见，但如果可以，在每一个月夜，我都会保佑骑在骏马上的他。我知道他一定会思念你，我能做的，只是在这一方土地守护你们的牵挂与相同的情谊。

男孩已经长成风度翩翩的青年，离家前，我见到婉儿坐在梳妆台前仔细地打扮自己。绯红的双颊是比三月里桃花更美的妆颜。素淡的裙是她一贯的风格，浅色的底绣上几朵娇艳的桃花——有一朵两朵含苞欲放，有一簇两簇随风飘扬，衬着她的白净脸庞分外灵气清秀。

"婉儿这衣裳真美，"仿佛她能够听得到似的，我晃动了一下我的枝叶，"他想必也会喜欢。"

"桃花桃花，告诉我，这一次离别到几时才能相逢。"

那一日他看着她美得脱俗而纯净，竟一时愣了神，恍然间以为是仙子。

"哥哥，怎么几日不见就认不出婉儿了？"

"婉儿……"

她看着他呆立的模样，轻笑出声。

他亲自为她戴上一支金色的凤钗作为信物。我知道，这是他祖传之物，婉儿戴上更是表明了他与唐家定亲。他们执手相视这一刻，眼中只有彼此、只是对方。倘若我能够微笑，那么这一夜我会笑得无比满足而灿烂；倘若我能祈祷，那么我便对着这方圆月许下心愿，永远保护他们的这份真情。

他归来那日，陆府是从未有过的欢庆，我听我的朋友诉说了许久她的不安、她的欢愉，她心愿得以实现前的紧张和难以置信，我让桃花纷纷坠落，落在她的青丝上，落在她火红的嫁衣上，落在她的霞披凤冠、朱唇丹蔻上。她终究是长大了，褪去了孩童时代的懵懂，褪去了少女时代的情怀，她风情万种的眉眼，宛如是从画中走出。她将成为妻子、成为母亲，也许会渐渐疏远我这个朋友，然而我却觉得这个结局，很不错。

"桃花，真没想到白驹过隙，你已经长得这么高，开出的花又是这么密、这么美。"

"桃花，再见，但这不是真正的分别。"

迎亲拜堂。

我站在夜空之下，想象洞房花烛之夜，他轻挽起她的秀发，与他的乌发一并，各剪一缕，编结成同心结，作为婚礼的信物，与新娘的花一起掷于婚床下。

以青丝系同心，永结同心。

他会在她耳边呢喃："婉儿今日很美。"

她的脸上会浮现红晕，更比桃花娇美动人。

此后，他是她的丈夫，是她的一片天。

此后，她就是他的妻子，是他的一方柔水。

我唯一的朋友，正如她所说，他们还是时常会来看望我。她素衣淡颜，他青衣木屐，互相挽着手在迷蒙的细雨中静静漫步，真是应了那句"死生契阔，与子成说。执子之手，与子偕老"。相敬如宾，感情甚笃。

她会听他吟咏诗词，她会同他唱和一曲。

填词作对。

我站在他们身边，偶尔会感受到婉儿带着笑意的目光轻轻掠过我，仿佛在说："桃花，我的朋友，你看，我过得很好，不要担心我。"静静凝视着他们温情脉脉，诗意雅兴。

只此一刻，便以为将永远。

那一日的陆府是那样的不平静。清晨我才刚被黄鹂的鸣叫唤醒，却听到了茶杯被猛砸在地上的声响，老太太尖厉的声音让我不寒而栗。

"真是岂有此理！娘亲一心盼望你金榜题名、登科进官、光宗耀祖，你却一心儿女情长，胸无大志，这等儿媳我岂能久留？！"

"你知不知道郊外无量庵的尼姑妙音为你们算命时说了什么？你们八字不合，先是予以误导，终必性命难保！"

"休了她，我以你娘亲的身份命令你，立马休了她！"

倘若我有心脏，此时便是擂鼓作响了吧。我的朋友，你的命运将是如何？

他不知所措。

他苦苦哀求。

他万般无奈。

一边是自己所敬重的母亲，是他所遵从的孝道，是他难违的封建礼制。一边是自己所深爱的妻子，是他以生命谱写的眷恋，是他不可辜负的情感。

怎么办，怎么选，怎么做。

至此，是母命难违，还是天意如此。

"一纸休书，白纸黑字。"她朱唇微颤，纤纤玉手抚摸着我的树干，眸中不再闪动灵光，只留深深的绝望。苍白的脸颊看不出一丝血色，只是如雨的泪簌簌而下，一夜白发。

"原来这是残酷的现实，原来几年的情谊，当初的盟约都消散尽在云里雾里空气里，都化作风儿雨儿消逝的花儿，束不住你。"

"桃花，我曾说过我想守护他的梦想。"

"我记得那是儿时对你许下的约定。"

"婉儿依旧觉得记忆犹新。"

"哥哥他是孝子，哥哥志在四方。"

"婉儿……成全他的大义。"

内心颤动无比。我明白她的天轰然倒塌，我懂得是他亲手干涸了那片水。我只想将自己的枝桠指向天空，控诉她所承受的痛苦委屈。我想成为她的一方天地，保护她，不再让她受伤，但奈何我只是一棵桃花树，即使开出一树耀眼的桃花，又怎么能抚平她心中的伤？

来时的素淡衣裳，拂去尘埃与气息，从此不再是陆家人。她带着一颗期待的心来，便是怀着一颗将死的心走。

这次，是真真正正、永远的分离。

眼中他只是凝望她憔悴瘦弱的身子、蹒跚不稳的步伐，决绝而不回头的坚强，迈出最后一步踏离门槛的步子，永远离开他的世界。收起将要流下的泪，仰天长叹。

从此萧郎是路人。

离开的那一刹那，我仿佛与她心意相通，强烈的直觉告诉我，她还卑微地奢望着，他能感激自己的深明大义。

一晃十年。他另娶，她改嫁。

"桃花……你知道吗，我见到她了，在沈园。"他扶着我的枝干，已经不再年轻，"命运为什么总爱开玩笑、那么爱捉弄人。桃花，对不起，我知道她是你唯一的朋友，因为我，她那双水灵的眸子，现在是空洞，她白净的脸颊，现在是憔悴。我知道她怨，原是天作之合，竟被硬生生地拆散；我知道她恨，世情太薄、人情甚恶。"

是啊，离开了陆家的她该怎样展露欢颜？永远会是那副泫然欲泣的表情，她的情如山石，即使成为他人的妻子，又怎么会改变心意？我的心顿时被揪得生疼。可是应该怪谁？怪他么？输给了尊者、输给了迷信、输给了封建，我如今还能说些什么呢？

从前是婉儿，现在却换做了他。总在我附近徘徊不去，对月饮酒。"我以这种可笑的姿态活在世上，很窝囊吧。""我总会嗤笑自己当年怯懦胆小——未曾尝试努力争取、与命运抗争，造就了如今两个伤心人。""桃花，你知道吗，春如旧，人空瘦，泪痕红浥鲛绡透。桃花落，闲池阁，山盟虽在，锦书难托。莫！莫！莫！"

错、错、错。

莫、莫、莫。

像是清风带来的一阵叹息，明明那样轻，却可以撕心裂肺。

虽彼此相爱，但爱已成折磨，悔恨不甘像是贪婪的虫，噬咬着本已支离脆弱的心。

城上斜阳画角哀，沈园非复旧池台。

伤心桥下春波绿，曾是惊鸿照影来。

——桃花，我希望可以守护他的梦想，只祈求在他去遥远边塞的路上、在皎洁的月光下、在璀璨的星夜里可以时常想起婉儿，想着婉儿用双手小心翼翼地捧着他的梦，等待他得胜归来……

午夜梦回，婉儿年幼的身影仿佛还在我眼前晃动。那一夜，无比凄凉清冷，我知道，她已经去了，被清风带走，随桃花陨落。

那首《钗头凤》到最后，究竟是佳话，还是哀唱？

当年定亲用的凤钗，如今又在何方？

最后的最后，竟是留下我孤零零地站在这里，永别了我的朋友，永别了那段岁月，默默等待自己花开花落的结局命运。在我生命的最后阶段，我似乎总能听到婉儿悠长而深沉的叹息，那样缥缈而难以捕捉。

最后一朵桃花落尽，最后一个美好的梦境竟不是望见他们在轮回中相遇，我只是望见在闲池阁，那个爱着素衣的女子如旧的笑靥。

亭台楼阁，红砖黛瓦，小桥池台。

温婉而多情的她就这样站在霜白的拱桥上，岁月从未在她的脸颊上留下些许痕迹，春波映着她惊鸿的容颜，那双璀璨如星子般的杏仁眼似笑非笑。

她就这样站在那里，遗世而独立。她那身素淡的衣裳还是他当年最爱，那支钗头凤依稀记得是他当年执手相赠，她的身影隐隐约约又看不真切，仿佛是来探望我的一缕幽魂，仿佛是在等待时光的辗转，又仿佛是在等待他的归来。

我颤动自己的树枝，只见纷纷扬扬的桃花飘落，或飘舞或旋转，我仿佛能听见它们落地的声音，或浅粉或纯白。

然后。她回过头来。我会在她闪动的明眸中看出她执著的念想，勾起的嘴角有坚毅与坚强，柳眉是一如既往的素淡情长。

她问我："桃花，我的朋友，告诉我，我这一世过得是尽兴还是不尽兴？"

明媚的阳光洒在我们的身上，我会回答："婉儿，谁又能想到那位名满天下的爱国诗人，那位'铁马冰河'都要'入梦来'的陆游；那位存世诗歌九千余首、诗风雄浑豪放的务观；那位一心希望看到国家统一、满腔热血、铮铮铁骨的放翁；竟有这样的凄苦缠绵，竟会用尽一生的力气去爱你，用尽全部的灵魂去记挂你。这样绵长不悔的真情，自少年起、至生命的结点而终，世间又有几人能做到！"

"婉儿，是他负了你，但乱世中的英雄，那段情那段伤那段愁那段怨早已融进了他的骨他的血，是他无法割舍的魂牵梦绕。婉儿，你在寂寞寒冷中香消玉殒，但你们的真爱却永不会死。"

等到了忘川河边，我一定会找到婉儿。也许她已经忘了一切，但我会这样说："离开尘世之前，我有一个朋友，请允许我向你讲述她的故事，请允许我诉说我最想倾诉的话语。"

"朋友，桃花要说，你这一生是太不尽兴，但是，你又是何其幸运。"

"被那么深深爱过。"

"比天地还久，比相守更真。"

第二轮

你被困在这里

蒋萱

黑马

白马

芮雪　　　　钱悦
强薇　　　　李健皞
唐语浠　　　王璐瑜
樊浩雪　　　钱小琳
卢易　　　　李敏佳
张予立

113

　　生不逢时，伊莎贝拉还真是一个可怜的姑娘。

　　我们都还记得，那位陛下在位时带给我们的荣耀，是的，无上的荣耀。我们崇尚自由平等博爱，街头巷尾一片繁华，无论是在热闹的伦特利亚大街上，还是凡尼卡区的小巷里，都能听到提琴的悠扬，横笛的华美，哪怕是最平凡的粉刷工也拉得一手好风琴。如果有机会，你一定要来看看，我亲爱的朋友，如果时光可以倒流的话。周末的广场上总是有乐队聚集，演奏着国内哪位大师新作的曲子。长号的轰鸣，圆号的低沉，萨克斯的醇厚，小号的振奋，在那片湛蓝的天空之下，整齐的石板路之上，全部全部，都是我们欢歌笑语的影子。

　　我可怜的侄女，伊莎贝拉，就出生在这个时代即将结束之时。就在那位陛下驾崩后的一个十月里，她的啼哭换来了一家所有人的惊喜。

伊莎贝拉，可是一位聪明的姑娘。造物主在创造万物时都会带了些偏心，我相信在伊莎贝拉还躺在上帝怀里时，就已经是他的宠儿了吧。她从三岁起，就能静下心来，在钢琴边坐着。短短小小的手指还不足以完全控制琴键，她就用手掌在那片规律的黑白中弹出零星的几个音符。"她是个天才。"伊莎贝拉的父亲，也是一位颇有成就的音乐家，这样说道，眼中有掩饰不住的笑意和自豪。如果你要说这句话不可信，那么请接着听我说。她在九岁时已经在我们这座城市里最大的音乐厅开过了个人音乐会，十岁时开始学习横笛，十一岁时在空白的五线谱纸上涂涂画画，十二岁时谱写的交响乐在发表后引起了全国的轰动。她是一颗闪亮的星，有她的存在就算是贵妇人最昂贵精致的珠宝都要失去光泽。国王的舞会少了她的横笛就黯淡无光，贵族的沙龙少了她的琴声就味同嚼蜡。上帝给予她的偏心实在太多，善良，美丽，聪慧，从不过问凡人的琐碎事情，不知罪恶为何物，始终与跃动的音符为伴，她简直就是天使。

但是在她十七岁的秋天，你知道，我们和邻国的战争终于开始了。起初我们都以为我们的国家必定会胜利，我们的军队还是像数十年前一样所向披靡，这场由邻国挑起的战争对我们来说不过是隔靴搔痒一般，在春天来临前就可以结束，等到城郊的积雪融化，我们还能呼朋引伴，到城外的农田里采集鲜红欲滴的草莓，我们可以去护城河边钓鱼，孩子们在草地上追逐……而我们的邻国则会荣誉扫地地举起白旗，我们才是永远的强大，我们深爱的国家永远无敌。

可是冬天过去，我们的士兵任凭融化的雪水溶进了他们的衣袖里，他们满面鲜血和尘土，依然在前线不断厮杀，拼上了性命守卫我们的祖国。即使是这样，我们的防线也还是不断地，不断地向后退着。伤亡人数越来越多，可是仍然没有捷报从前线传来。指挥官换了一个又一个，将军和大臣们心急如焚，却眼看着麻木不仁的国王在深宫里听竖琴二重奏无计可施。

有人说，这场战争必败无疑，因为那位陛下离开了我们。

我把前线的战况说给伊莎贝拉听，她点点头，沉默地把目光投向了她父亲的椅子——这把椅子已经有太久没有人坐过了。

"他会回来的。伊莎。"我这样安慰已经二十岁的伊莎贝拉，她勉强勾起一个苍白的微笑。

伊莎贝拉的父亲在两年前被紧急调走上了前线。我无法想象这样一位儒雅的，风度翩翩的好先生居然要用他演奏提琴的双手握紧军刀了。常年穿着燕尾服的身材并不适合军装，我想这个道理谁都明白，但是节节围攻的邻国军队已经把我们数十年来的辉煌都毁得一干二净。

我们谁都顾不了这么多了。

战争刚开始，所幸两军交战处尚在我们国家领土的东部，我们住在西部首都的人好歹还能安生一阵子。但是随着日子的流逝，在寂静无声的夜晚也渐渐能听到邻居妇人们在夜晚哭泣的声音了。在荒芜的街道上走着，你很少能看见青年男人，多数时间你能看到，一个衣着褴褛的妇人牵着几个饥饿羸弱的孩子，在落叶满地的街边乞讨。

伊莎贝拉的母亲也终于在一个冬天感染了肺结核去世了——她或许是因为长年在王宫外的垃圾箱里翻找食物而染上的，也或许是因为那天在贫民窟附近和一个流浪汉争抢了一块掉落在地上的面包。但现在才没有什么人会仔细追究这种事，死了就是死了，首都又能节省下一份口粮。

什么提琴，什么横笛，平民把家中能够变卖的东西都换了食粮。音乐和舞蹈，那都是王宫里才有的东西了。多少士兵战死在前线时，王宫里却在奏响欢快的乐曲。贵族的男人们依旧衣着亮丽，妇人们披着从东方运来的丝绸。不知是谁在微醺时不小心碰倒了什么东西，盛满名贵香槟的水晶杯粉碎在地上，他们看都不看一眼，始终不惜。

直到邻国的军队已经来到了距离首都五十英里外的小镇暂时驻扎，如梦方醒的贵族们手忙脚乱，只有我们这些尝够辛酸的平民带着嘲笑的表情，看着国王那张油光满满的脸在惊恐和慌乱中扭曲："我的子民们！我们现在都被困在了这里！难道你们就真的忍心看着深爱的国家遭到那些野蛮人的蹂躏！……"

伊莎贝拉的枕头下有一封信，那是她父亲的阵亡通知，看日期是一个月前寄出的。作为一家的长女，她理应表现得更加坚强，她理应把眼泪咽下，含笑对弟妹说："我们的父亲为祖国的荣誉而牺牲。"但是她没有，她从打开信的那一瞬间就一直不停地哭泣。十五岁的长子查理斯也流着眼泪，就算是还未懂事的，六岁的幼子克利斯也跟着姐姐号啕大哭起来。

在我看来，伊莎贝拉虽然完美，但却有些出奇的脆弱。她纵有音乐的天赋，有迷人的外表，却总是因为一些微不足道的错误自责很久。小时候她养过一只猫，在她十二岁时那只猫被路过的马车轧死，她消沉了整整六个月的时间，甚至到现在还念念不忘。如果这是一种多愁善感的表现，那未免也有些过头。当政府下发了在全城征兵的通知后，我为她感到十二万分的担忧——我可怜的伊莎贝拉居然也在那名单上，还有她的弟弟查里斯，我也被征进了医疗队，家里只剩一个不懂事，不能自理的幼子。然而国王的命令谁都无法违抗，特别是当围城开始后的几天，邻国的军队就在城下驻扎，只要站在稍微高一些的地方就能看到他们耀武扬威般树立的黑鹰旗帜。从此我们的街道更加荒凉，在街边乞讨的那些人里经常是一群哭啼着的孩子们围着倒下的妇人。他们的境遇更加糟糕，但他们乞讨得来的硬币却不及从前的十分之一了。

伊莎贝拉加入民兵组织后始终带着眼泪，她常常坐在窗边，看着路上行尸走肉的人们。当然她有时也会趴在桌前，在纸上涂涂画画写着什么，但她从来不让我看她写的东西，我忙着为家里操持生计也没空管那么多。围城开始后，国王不再终日烂醉在王宫，伊莎贝拉也已经很久没有收到任何贵族的邀请函，请她去演奏音乐了。可怜的伊莎！为了生计她变卖了她纯银的手工横笛，换取了六岁的弟弟口中的面包。可怜的伊莎！没有了音乐，她就像是失去了魂魄一般，在空荡荡的房子里游荡！民兵队伍发给她的一柄军刀被她胡乱扔在房间的哪个角落里，她以泪洗面，眼睛总是红红的，就像要滴下血来一样。

有一天，我记得那天是民兵的训练，伊莎贝拉很晚才敲开家门，身后跟着不知所措的查里斯。她看到我就抱住我哭泣："玛丽姑妈！他们居然做得出这种事，他们……"我忙拍着她瘦骨嶙峋的背安慰她，查里斯告诉我，有两个流浪的孩子偷偷溜出城，想去城外麦田边的草垛里拣散落的麦粒，却被几个喝醉的邻国士兵抓住，带去了他们的营地。几个士兵把那两个可怜的孩子用粗糙的草绳吊起，挂在高高的旗杆上，用马鞭不断抽打他们。孩子们哭得撕心裂肺，可是他们哭得越响，那些士兵就打得越狠。士兵们的笑声就像是从地狱深处传来的一样。等到那些孩子哭得没有力气，身上遍布青紫，那些士兵又抽出了闪亮锋利的军刀，他们并没有直接结果那些孩子的性命，反而是……查里斯痛苦得紧闭眼睛，没有再说下去。

而这一切都被当时站在城楼上的伊莎贝拉看见了。她从小没有见过这么血腥的场面。她发出了尖叫，她捂住耳朵强迫自己不去听那两个孩子的哭喊。她撕扯自己的头发，仿佛那样就可以制止这一切似的。

伊莎贝拉还在我的怀里颤抖，查里斯苦笑着告诉我，敌人已经没有耐心了，三天后他们就会发动最后的攻击。他说他会帮伊莎贝拉申请调去医疗队，否则在巷战时若是有一个女孩不断地对着敌人大声尖叫，也只会徒添无必要的牺牲罢了。

查里斯远比他姐姐成熟得多。

伊莎贝拉终于被调去医疗队，学习包扎和一些急救常识。所幸她学得很快。整个医疗队里都是年龄过大，或是年龄过小的女孩。首都里所有青年女性都佩上了军刀和弓矢，她们坚毅的神情简直与男人无异。

此时此地，没有别的出路，谁叫你被困在这里呢。你必须为国家而战，为荣誉而战，为亲人而战，为生存而战。你必须把软弱和泪水埋葬在哪个不知名的坟墓里，为这个你深爱的国家战斗，哪怕这个国家的新任国王是个百分之百的废物，哪怕这个国家的贵族大臣都是一群只懂享乐的草包，哪怕这个国家在你看来已经完全没有了存在于世的意义，哪怕这个国家的所有荣耀光辉都随着旗帜的倒下而销声匿迹。你仍旧是生于长于此地的人，你是这片土地的儿女，你将要以生命报答，就算这片土地需要你以鲜血浇灌，崛起的希望必要以灵魂作芽。

激烈的巷战终于在一个黎明打响。

城门被攻破，邻国的军队耀武扬威地踏上了首都的土地。敌人军官的高头白马迈出的每一步都带着万分的傲慢，他身后的黑鹰旗帜在刀锋般的肃风里飘摇。每家人家的窗户紧闭，街道上除了不再忍受饥饿的尸体外空无一物，就连乌鸦也早早栖在哪边的枯枝上遁去了身形。

除了安静，还是安静。

敌人的军官有些奇怪，他伸手制止了身后行进的军队，独自驱马向前。他还没来得及迈出几步，他的胸口就被不知从哪里射来的箭矢刺穿。那带着羽毛的箭尾还轻轻颤动，军官已经颓然从马上落下，他的血代替了眼泪滋润着荒芜的道路，他的眼圆睁着，仿佛不敢相信这个没落的城市还能再次露出她锋利的獠牙。

于是士兵们开始恐慌了，他们纷纷从刀鞘里抽出军刀来。他们四下张望却捕捉不到任何一个人的影子。他们跨步继续行进，那无名的箭矢也没有从哪个黑暗的角落里再次射出，而当他们放松警惕后，又有人倒下。如此持续数次，敌军的指挥官命令士兵在全城搜索，不放过任何一个角落。很快，民兵和敌军相遇了。当首都的上空第一次回响起了军刀碰撞的声音，当周围的建筑都见证了第一次金属摩擦出的火花，乌鸦们眨了眨黑豆般的眼睛，默默地离开了原本落脚的枝头，如同报信般发出了令人不悦的声音，飞向远处去了。

巷战持续的第二个小时，在医疗队为伤员更换纱布的伊莎贝拉和我都收到了消息。她的弟弟，我的侄子，查里斯，在刚才的巷战中被杀死了，他所在的第一小队全部牺牲。我差点晕厥在地上，恍惚中一双手扶起了我，把我安置在墙脚。我头晕得厉害，满脑子都是查里斯的脸，笑着的，哭着的，我们家唯一的男子汉！现在没了他，我们……

我不敢想下去，在潮湿发霉的墙脚不断拍着自己的胸口。等到好不容易缓过气来才发现伊莎不见了。那时我猜想她一定是跑去哪里独自哭泣了吧，我有些紧张，我害怕她莽莽撞撞跑到战场上去，我们家又要少一个人了。我慌忙起身，大喊着她的名字，却没有人应答。我去找了医疗队的队长，她则对我说"没事的没事的她会回来"，简短的安慰过后让我为一个刚被运送来的伤员缝合伤口。

我自嘲地笑了，是的，我们没有时间哀伤，死神不会因为泪水而放慢脚步等待我们，他总是一刻不停地向我们走来……

谁让我们是困在这牢笼里的待宰牲畜！

三个小时后，我接到了任务。去贝阿南街救援伤员。那里是巷战最激烈的地方。我背上了医疗箱向那里跑去，却在前方的一片混乱里看到了一个熟悉的影子。是伊莎！伊莎贝拉！我连惊讶的时间都没有，我的双腿已经像飞一般地跑了过去，我大喊着她的名字，她却置若罔闻。直到我紧紧扣住她的肩膀，她才定神看着我。天啊，我的上帝！她的手里居然是一把军刀，还沾着不知是谁的血，就连她的脸也被划破，鲜血像是眼泪一般汩汩地流着。

"伊莎！"我摇晃着她的肩膀，她嘴角还带着苦笑，她指着她脚下的一具敌人的尸体，对我说："玛丽姑妈，你看我杀了人呢。"

我感到了前所未有的震惊，而伊莎又挣脱了我的双臂，跑到远处去了。

在那之后我又多次看到她，看到她用最拙劣的手法，出其不意地从背后偷袭敌人。如果你看到有人的胸口无缘无故露出了刀尖，那多半就是她干的了。她的脸上没有欢笑，没有悲伤，她瘦弱纤细的手指并不适合在鲜血里浸染。可是她却像是一只幽灵一样，飘飘忽忽出现在谁的背后，让手中的军刀饱饮鲜血。她像是一只木偶，而木偶线一直连到了上帝的手里，我不敢相信眼前的事，只能归咎于这一切的安排者。天知道她下一步行动会是什么，天知道谁才是她的下一个目标。

被困在这里，我可怜的伊莎贝拉！

战况越来越糟糕，起初还占据优势的我们也慢慢疲倦下来。他们的利刃趁机刺入我们的胸膛，各分队队长的脸色越来越僵硬，终于下达了撤退躲避的命令。

"我们输了。"有人这样说。

我跟着医疗队的所有人忙着把伤员抬去避难所，民兵们也都各自清点人数离开了战场。敌人的军队一路开到王宫附近，我却又一次找不到伊莎。正心急如焚时，忽然听到有人指着窗外喊着什么。

"你们看那是谁！哪个队的！为什么还没有回来！"

我循声看去，一路挤到了窗边上。那是伊莎，我没有看错，尽管我老眼昏花，那的确是伊莎。她拿着一柄军刀挡在了王宫前，敌军整齐地把弓矢对准了她。她却毫无惧色，紧紧握住军刀向士兵们冲去，却在下一秒中了数箭倒在地上。

"伊莎!!! 我的伊莎!!!"我撕心裂肺地哭喊着她的名字，但是她却永远也无法站起来了。

敌人进入了王宫，我们的国王低三下四地答应赔款，答应割让东边的土地。他的额头都快碰到了敌人军官的军靴了，他讨好而谄媚地笑着，搓着双手，只求放过一条生路。敌人在一周后离开了首都，我们的街道依然荒凉。乌鸦都不屑于再次飞回，幸存者甚至以活着作为耻辱。很快我们就推翻了国王，我们有了自己的议会。好像我们的生活再次归于和平。

可是直到很多年后，我一直在想，伊莎的反常行为到底是不是有预兆的。直到几年前我整理她的遗物，发现了一张纸。上面只有短短几行字。

"我们必要战斗，因为我们生长于斯。我们必要流血，因为我们怀抱辛酸。如果要说服自己为哪个理由而战，我一定是为了家人，为了自由，为了生育我的土地而举起利刃。"

这可怜的孩子。

我也风烛残年，最近甚至还看到了死神的影子。我感受得到我的生命不断流逝。很多人会惧怕死亡，而我则不然。我曾为这片土地而战，我以我活过，以我奋斗过为光荣。我以我的侄女、侄子为光荣。死亡也是这光荣的一部分，是华丽的收尾，是幸福的归宿。

我们曾经灿烂地活过，就像我侄女在纸上写的最后一句话说的那样：

你被困在这里，你别无选择。

"你不能离开的地方都是监狱。"

（一）爱人

住在水晶市的布朗先生是一名普通得不能再普通的小职员。他有普通的名字——约翰·布朗；当然，普通的工作——会计；普通的样貌，普通的家庭，开着满大街都是的香蕉黄大众甲壳虫，和普通男人一样9点之前挤在早高峰中到事务所上班，度过碌碌无为的八小时后回到家里就着啤酒看足球。除了爱妻子爱得发狂，布朗先生简直是你能在街上看到的所有人。

布朗先生所居住的水晶市里，人们只能看到自己所爱之人的样貌。布朗先生很爱布朗太太，她是除了老布朗夫人以外他唯一看得到的女人。每天，布朗先生从床上蹑手蹑脚地爬起来为妻子端上热乎乎的蜂蜜松饼，从妻子唇上偷来一个吻后依依不舍地出门去上班；下了班之后又心急火燎地一路按着甲壳虫的喇叭赶回家，这时布朗太太已经准备好简易的晚餐。每个周末，他们会出门踏青或单纯窝在沙发上看愚蠢的家庭喜剧。什么？离开这座小城谋求新的发展？不不，我不能离开我的妻子，我的家，我的父母，我的车，我的房子，我爱水晶市，没有他们怎么能活。虽然很无趣，但布朗先生很满意现在这样的生活，时间如同浓稠的蜂蜜，平凡的日子平静地流淌着。

虽然看不见别人是会带来一些麻烦，但这并不妨碍水晶市生活的平和美好。比如说，公共浴室里会撞到别人啦，走路不住地踩到别人脚啦——但是一直住在这里的布朗先生早就习惯了，相信水晶市其他居民也是。

但是最近，布朗先生怀疑他妻子不再爱他了。在布朗太太做饭的时候，布朗先生绕到她身旁突然发声，布朗太太吓得把汤勺都掉进了锅里，还有好几次布朗太太迎面与他撞个满怀。但这只是猜测，事实还需要验证。不抽烟不赌博的布朗先生喝着牛奶严肃地想。他走到客厅前，他妻子正在看电视。他拔掉电插头，布朗太太猛地一颤，拖长音叫道"约翰——""亲爱的，你不觉得我们最近交流有点少么？"布朗先生微笑着说。"那也不能就这样拔掉电视插头，约翰！我正在看奥普拉秀呢！"布朗太太生气地回了卧室，走路的时候撞了布朗先生的肩膀一下。

是时候了，我得要试试——今天，布朗先生忐忑地刮掉了自己的半边小胡子。布朗太太喜欢有男子气概的人，这就是为什么他一直留着小胡子。布朗先生带着只有半边的胡子走出街区，走出停车场，走出办公室，与保安、路人、同事一一打招呼，没有人察觉他的异样。这是当然的，他们都看不见他。

回家路上布朗先生胡乱地想着，如果我的妻子不爱我，我该怎么办呢？不，不行，我没办法离开她。我没办法离开我的父母我的房子我的车，我不能离开水晶市，就算她不爱我也不能。我早就融入这座城市了，这里是我的根，离开这我还能去哪里？我不能离开，那么我该怎么办呢？

回到家里，他如往常一样在门口等待妻子送来拖鞋和一个吻。"亲爱的，"布朗太太笑着说——哦她笑起来可真美——"你今天看起来一如既往的英俊。"在她吻他的时候，布朗先生看到她摸索的模样。

我说过了，布朗先生是你能在街上看到的所有人。

（二）天使

我走在回家路上，想去附近的小菜场买今天的晚饭，看到平时我们家门前那条聚满了小摊贩和黑摩的的拥挤小道上今天竟然聚满了人。本着天朝人民有热闹必看的天性，我快步走上前去，连菜都忘了买。

　　我挤入层层的人群，来看看今天究竟是跌倒的老太太扯住助人为乐的青年说要他负责呢，还是出租车撞了自行车车主躺在地上撒泼耍赖呢，还是两个泼妇骂街。如果是最后一种我就不看了。但都不是，我今天出奇地没有看到任何血迹和车的残骸。不是人祸，那在这嘈杂、逼仄、污水横流的小道上还会有什么？

　　一个人。

　　准确的说，是一个人形的生物。它半坐在地上，衣衫褴褛，肮脏而瘦弱不堪。看它根根突起的肋骨和绝望而狂乱甩动的手臂，才能姑且断定它是个人。围观的人越积越厚，每个人都用怪异的目光防备地盯着它看，生怕这东西会扑上来咬到自己，又克制不住地低声交流。一个流浪汉有什么好看的？天桥下面不都是么。我不屑地想。等等——这东西身后蠕动着一团灰白色片状的东西，之前被我误以为是破棉絮——那是一双翅膀。一双货真价实的、长在它背上的、有血有肉的翅膀。这对模样怪异的东西曾经应该非常大，现在只是丑陋地缩在背后，用绳子绑着，羽毛都已经脱落得差不多了，露出伤痕累累的皮肤。这是一个怪物。

　　怪物挣扎着想要铺开翅膀，想要离开，一瞬间它真的几乎站了起来，人群中发出一阵惊呼，围观的人纷纷后退。但是怪物的腿实在太畸形了，支撑不了它的体重，又重新跌在了地上。"哎哟，可吓死我了！这家伙要咬人呐！""真恶心！""市政局怎么还没有来？""别来吧，来了我们看什么呀？"人群中厌恶的声音越发明显，有人啐了口痰到怪物脸上。

一对母女路过这里，小女孩穿着干净的白裙。"妈咪看，他有翅膀，他可能是个天使！"小女孩从大人密密麻麻的腿的缝隙中窥见了坐在地上的怪物，扯着妈妈的衣服说。孩子的母亲一脸厌恶与防备，马上牵着一步一回头的小女孩快步离开，然后边瞥着这东西边在公共电话亭里打了个简短的电话。

女孩的母亲很可能是报了警，因为警察不一会儿就到了。远远看到警服与甩着的警棍，有人大喊"警察来啦——"，几十分钟来积累的围观人群在半分钟内便作鸟兽散。威风凛凛的警察大步迈向刚才的汇集地，在离怪物三米处停下了脚步。"这是个什么玩意儿？"看到怪物无力伤人，只是痛苦地低声呻哼着，警察的胆子便大了，用警棍戳戳怪物的翅膀，又敲敲它的头："嘿，这可是个奇怪的东西。把它带回局子里去？"另一个始终捂着鼻子站在五米开外的地方，看起来像警官的人说："就把它扔在这里吧，没有多余的拘留室了，公安局又不是福利机构。"说罢转身就走，大衣后摆潇洒地转了个圈。拿着警棍的警察只能扫兴地跟上。

我也想起还要回家做饭，往菜场走去。怪物就被留在了原地，无人问津，无人驻足。

第二天下班后，看到地铁里的乞丐，我突然想起了昨天那个怪物——或者说天使，也许，谁知道呢。它还在原地吗？它离开了没有？

行至家门前那条肮脏的小道，隔壁的张大伯告诉我："那东西没多久就死啦，可惨了，过了好久才被环卫抬走……你说也真是，我孙女还硬要说这玩意儿是个带翅膀的天使呢，小孩子……"

看来它没有能再离开。那个说它是天使的小女孩听了会难过吧。

但这跟我们有什么关系呢，它是天使还是魔鬼，死了或是活着，在这条街还是那条街……都跟我与我的生活无关。平凡到枯燥的日子里有热闹看总是好的，以后这条街上无论是有跌倒的老太太扯住助人为乐的青年说要他负责，还是出租车撞了自行车车主躺在地上撒泼耍赖，还是两个泼妇骂街我都会看。没有的话也无妨，我还是一样地上班，下班，买菜，回家。像我一样的人既不是天使也不是怪物，我又不需要离开。

（三）伪装

吉姆一定是疯了才把我送到精神病院。

两天前，我的丈夫，吉姆，绝望地摇着头，哽咽着对我说："苏珊，你没救了，我别无他法……原谅我。"我对此感到不可理喻，我在心中歇斯底里地吼叫，表面上却平静得像桌上摆了好几个小时的冷咖啡。

两年前的今天是我人生的转折点。我的思想，我的心，我的大脑——都在两年前的这一天脱胎换骨。那是我和吉姆结婚的日子。哦，是的，我爱我的丈夫，我非常爱他。因为只有吉姆是个不一样的人。

　　在我看来，世界上的所有人都是一个人的伪装。他——我姑且叫他 X——穿上不同的衣服，带上不同的面具，就成为了世界上的每一个人，层层将我包围。你能想象那种窒息感吗？走在街上，看到潮水般簇拥着你的人群全部长着同一张脸？他是我的父亲，我的母亲，我的兄弟姐妹，我在路上碰到的陌生人，总统，司机，咖啡店店员，X 充满着我的生活。也就是说，这个孤单的世界在我遇到吉姆以前都只有我和 X 两个人。一开始我并不在意，而随着年龄的增长我开始厌烦 X，却又无法离开 X。

　　直到我遇到吉姆——哦，我的吉姆——世界才开始不同。那是几年前我在商场里，抱着一大堆新货——我是个商场导购——然后与吉姆撞了个满怀，东西散落一地。面前这个高个男人急忙蹲了下去，一边连连道歉，一边帮我捡起商品。就在这时，我抬起头，看到了我二十三年来见到的第二个人。不是 X，我惊骇地想，他是另一个人。我只花了两分钟就爱上他了。很快，我们与正常情侣一样开始频繁联系，聊天，约会，同居，订婚。

　　与吉姆的生活是快乐的。当年我告诉他，这个世界全都是一个人的伪装时，他用那漂亮的蓝眼睛惊异地瞧着我，说："宝贝儿你一定是个哲学家，要不然就是疯了。"后来他告诉我，就是因为这一点他才觉得我很有意思，开始决定同我交往。我还记得我们一起去游乐场坐摩天轮和旋转木马，在没有 X 的角落里偷偷接吻。每天我下班都会看到吉姆带着崭新的笑脸和一杯咖啡在商场楼下接我。

　　这样美好的日子持续到我们结婚后一年半。一天早上吉姆在刮胡子，我在刷牙，我看见镜子里吉姆沾满剃须泡的脸渐渐变成 X 的模样——我吓坏了。不，这一定是疲劳所致，我甩了甩头，吉姆的脸便重新回到了镜子里。接下来的好几天都相安无事。直到几个月前的周末，我打开门，看见提着购物袋的 X，穿着吉姆的衣服，拎着吉姆的公文包。我彻底懵了。直到吉姆——或者，X 猛烈地摇着我的肩膀，问我怎么了，才缓过神来。眼前仍然是 X 的脸，吉姆彻底变成了 X。

　　我感到窒息和恐惧，席卷而来的孤单和厌恶紧紧掐住我的咽喉。这个世界又变成了和原先一样孤单的世界，只有我与 X 的世界。我想离开，却只能站在原地无法动弹。

　　后来，吉姆就把我送到了精神病院。他哭着大喊，他从前只是觉得这个想法很有趣，如果当时早些发现就不会像现在这样。吉姆一定是疯了，难道他看不出这个世界上都是 X 的伪装？或者 X 才是真正的疯子。他制造出一个只有他的世界，并且把我困在这里。我被困在这里二十六年。当我想要离开的时候，X 又把我送到了一个又只有他一个人的精神病院企图治好我，让我不再想要离开。

疯的不是我，是 X 和他的世界。

伸个懒腰，我敲下最后一个字，终于完稿了。明天终于不用面对编辑大人那张臭脸，这让我格外愉快。现在已经凌晨了，我的眼皮上下打着架，身体叫嚣着对温暖床铺的渴望。在合上电脑之前，我最后审阅了一下这篇神经病一样的稿子，要模仿一个疯子的语气还要让读者看得懂真是太难了。我开始同情苏珊，这个可怜的疯女人。在她眼里这个世界上所有人都是同一个人的伪装，把她团团围困住，无法逃离。如果我是她，我会怎么做呢？

如果这世界上的所有人都是伪装，如果我也是呢？

如果，苏珊也是 X 的其中一个伪装呢？

我被自己的这个想法吓得不轻。看来缺眠少觉让我也要变成神经病了。我决定尽早睡去，明天一早把稿子交了，如果编辑不满意就多改几次，月底拿工资，继续过我格子间里的小生活。即使再不满意，我也只能把这样的生活继续下去了。因为我和苏珊一样，无法离开。

　　和林夏分手了大半年后，我始终没有成功地拨出一通打给她的电话，每次都在按下最后一个"7"之前条件反射般地飞快挂掉，然后瘫软在沙发上。

　　我的一位文学前辈告诉我："忘记一个情人最好的方法，就是把她变成文学。"

　　我知道自己已经再没有办法心平气和、泰然自若地和林夏问好絮叨，于是我决定通过这样的转移方式，把她埋在我数以万字的作品里，将我所有未曾说出口的话一一用最千回百转的方式说出来。

　　我以为只要把我脑海里关于她的记忆放进某个既定的故事脚本里，然后通过这个表层的故事抒发我对世界的看法，对人生的追求，那么我就会沉醉在故事本身里，这时候，女主角就成为了不那么重要的存在。我通过她来表达更深层次的东西，然后慢慢地忘记了她本来的样子。

于是我开始大刀阔斧、天马行空地构思起一个个不同的故事，但到后来我发现我创作的故事都沾染上了我生活里的某种气息，我似乎被困在某个密室内，像是封闭车厢里的韭菜馅饺子，长时间里余温和气味都无法褪散干净。

第一个故事的主角叫Jim，他刚从加拿大留学回来，很多事情却和时差一样颠倒不过来，不仅工作上没那么顺利，还要承受感情上的剧变。

此时的Jim非常后悔出国前郑重地把女朋友交给铁哥们，还千叮咛万嘱咐地说道："兄弟，我这辈子能出生入死赴汤蹈火的人一个手能数得完，你和我媳妇就占了俩，我不在的时候麻烦你替我好好照看她。"然后这一照看就照看出事了。

终于在经历了百转千回的磨人痛苦后，Jim还是决定把自己买的订婚戒指当做礼物送给了铁哥们。这是个多么秋风扫落叶的结局。

"我这么做，不是为了成全你们，而是为了放过我自己。别以为我就这么原谅了你们，也少在我面前装一副乖孙子的样儿，我不稀罕！"Jim在铁哥们的生日宴会上端起一杯酒一饮而尽。

第二个故事是关于心理医生以及他那令人匪夷所思的研究。心理学的本质大概就是门统计学，所以你得满大街地找人做问卷调查。通过这些数据你会知道大约 90% 的人不想知道自己的死亡日期，大部分女孩最后都嫁给了嘴上说的自己讨厌类型的男人。

但有些事情是无法用调查研究清楚的，比如说爱。

这位把自己大半辈子都献身给事业的心理医生，为了能够完成一个重大突破的研究，拿自己的妻子做了实验，结果可想而知。

妻子无法忍受丈夫投向她的那种剖析研究的目光，让她觉得仿佛自己也是丈夫众多病人中的一个，更不可忍受的是，他把对于学术的执著延伸到了日常生活里，每一件寻常到无需叩问本质的事到他那里都变成了重要的研究数据。

在某个辗转反侧的深夜里，这位快对生活绝望的女人伸手摸了摸身侧冰凉的被褥和空荡荡的床单，她知道丈夫一定还在办公室里没日没夜地看研究报告，无边的夜色轻易地将她的灵魂吞没了。这种彻骨的、把她当做一项研究的冷漠，她再也无法克服容忍了。

那天清晨，妻子洗漱、化妆、整理好自己的行李，最后一次为她的丈夫准备早餐，在玄关弯腰换鞋时，她像是突然想起了什么，转身把丈夫办公室和家里的钥匙放在了餐桌上。至此，她和这间屋子再无瓜葛。

此后无数个夜晚，心理医生独自坐在他宽敞的办公室，周围的一切都很静，听着纸张哗哗的声响，还以为是一场绵延的雨。

没有了家以后，他待在办公室的时间越来越长了，但办公室的门从来都是虚掩着的。他只是希望妻子偶尔经过时能进来坐坐，他不指望妻子原谅他，只是想和她说说话、拉拉家常。他想告诉她，那个研究已经失败了，并且他也终于明白有些东西是根本不必去研究的。

　　后来有人问起医生，过去他到底拿他的妻子在研究些什么？

　　"我只是想通过我和她的感情来证明，'爱'是否能被证明。"医生用一种自己也不确信的语调回答，眼睛还一直望着办公室那扇半掩着的木门。

　　有人说，很多人都把生活当做写小说的机会，把世人当做自己作品的素材，打着真实的幌子，其实不过是利用别人的故事来表达自己。

　　显然，我就干过这档子事。

　　未被我用虚拟人物掩盖起来的林夏是个年轻鲜活的女孩。她从不总结生活，从不追求意义，有男人爱的时候爱男人，没男人爱的时候就爱自己，也许虚荣肤浅，但自始至终她都只为自己而活。

　　和林夏在一起的那段时间是我这辈子过得最务实的日子，那时我几乎不怎么写文章，生活全部落实到一件件具体的琐事上去。

　　逛街，打网球，饭局，看电影，煲鸡汤……可这样的日子过了三个月，我的职业病又犯了，我觉得这日子太庸俗太没劲，书写的欲望就这么上来了。我决定写一本书，以我和林夏的生活为蓝本。

那时候我们天天腻在一起，一般是我写一段她就看一段，时不时提点修改建议。林夏一开始还挺高兴自己被写进作品里，但之后就对我的故事意见越来越大了。

"唉，你这里不对啊，谁说我经常穿绿色了，你见过我有几件绿色的衣服啊？"

"什么叫我不讲理，你写的什么东西啊，我这人最讲的就是理了。"

"你怎么歪曲事实呢？我爸妈什么时候给你脸色看了，你一年也没见着他们几回吧。"

诸此之类对我作品的质疑一天天积累着，我试图去跟她解释这是小说，适当的虚构是为了更好地表达主题。

"那你是不是也打算按你以前的套路写成一个悲剧？"我完全没注意到那时林夏的认真严肃，只是无奈地告诉她悲剧比较有市场，大家都活得这么苟且偷生，谁愿意看见小说里的人过得比自己还滋润啊。

"问题是这故事的主角是我们啊，还是你自己也巴望着我们俩一拍两散？"

"我这不是要创作嘛，再说悲剧也更容易上升到一个深层次的高度啊。"

"去你妈的创作！我可不是你的素材，你去找其他人当你的人体模特吧！"她甩下了这句话，在我的故事才刚刚开端时，女主角愤然离场了。

有时候，我挺乐意和我的角色进行交流的，我觉得到了一定时候，故事里的人就有了他们自己的意识形态，有时候他们的自我意识甚至强过了作者本身，我能从他们身上找到真实的自己。

Jim 跟我说，你不能把林夏离了你以后跟了你兄弟的事套到我身上！你少借用我来装洒脱，你看看自己一副龟样子吧，林夏寄了个红色信封来都不敢拆开看，每天干看着那信封反思人生，你说你都反思了些什么？我告诉你，如果这故事还有续集，我才不会凭你这样折腾，我要找个地下室和那小子好好谈谈，问清楚趁我不在的时候他都干了什么不光彩的事，然后狠狠地揍他两拳，反正我知道他不会还手。还有那戒指，要买他自己买去，我凭什么送给他？我跟你说我可不像你那么没骨气，说什么为了林夏幸福。你就是怕被她再次拒绝弄得灰头土面狼狈不堪，你要是真豪迈真淡然你就自己跟她说去，别天天看见人家两口子都要绕道走。

心理医生跟我说，我仔细想了想，你给我设计的那研究说不通啊！什么叫"证明爱是否能被证明"，要玩这种哲学悖论你干脆把我整成一老眼昏花的哲学教授啊。我们这门科学可都是实事求是的，你少在那主观臆造无病呻吟。别以为我不知道，你让我把妻子当做研究对象和你把林夏当做素材是一样的情况。你觉得她离开你以后你痛苦得无以复加，你就把这种痛苦转移到我身上。亏你想得出来！你要心里真憋屈了就自己和她说，少让我来为你絮絮叨叨。不学心理学的人都知道，你这种消极回避的方式起不到任何作用。看看你现在憋屈成什么样了！

走在寒冬里的我突然意识到，我变成了令人怨恨的独裁者，给每个角色附上我和林夏的影子，强制性地让他们上演恶俗的剧情，为所有的故事都添上不好的结局，一次又一次，周而复始。

很多事情是我无法控制的，即使是故事里的角色都会有自我意识，要为他们的命运垂死挣扎一下，更何况是那个倔强的林夏呢？我以为能像操控故事一样操控我的生活，最后却发现这一切是多么徒劳可笑的尝试，连缅怀都显得捉襟见肘。

我自始至终都被困在亲手书写的字里行间，自己制造的海市蜃楼里，从未想过尝试走出来。

迎面来了一阵风，我突然很想逃离，为现实生活中写下一个完好的结局。

我走进了街头的电话亭，终于按下了自己曾经不敢按下的最后一个"7"，然后便慌慌张张断断续续地说了起来。

"喂，林夏，我爱你。不是因为从你身上得到什么灵感，获得什么启示，我爱你只是我爱你，想和你一起走下去，不管你做什么饭我都会说好吃，如果你不想做饭了那就我来做。你可以穿粉红色一直到七八十岁，我会一直夸你好看。我不嫌俗不嫌酸，我再也不在你面前装逼了，我爱你，一直爱到我死的那一天。"

戏剧性的是，我说了很久后才发现电话亭下方的"暂不可用"标示。我颓然地回到家，拆开了那个红色信封，婚礼的日期，正好是当天。

我透过窗子望向街上的电话亭，我想，我的胸口终于不再那么拥堵了，有韭菜馅饺子的车厢终于到站，打开了车门。

我的一位文学前辈告诉我："忘记一个情人最好的方法，就是把她变成文学。"

我终于明白其实他想告诉我的是，你要学会从一个寄托转向另一个寄托，因为人只要有了信念这种东西，就会活得不那么累了。这种寄托，可以是爱情，是梦想，是酒精，也可以是文学。

那么，逃离吧。我对自己说。

你不需要破釜沉舟的勇气，只要割舍下过去你所有无谓的执著，然后去寻找更广阔的自己，总有一天你会看见"沉舟侧畔千帆过"后"哗"一下抖出的阳光，你会发现，你终于不再被困于原地。

樊浩雪

复旦大学附属中学

1

我这是……在哪里?

奥利维亚有些费力地睁开眼,对上的是一名女子关切的眼神。"你醒啦? 饿不饿,要不要喝点甘露?"

她有些迷糊,但还是对着面前的女子笑了一下:"我很好,不过……你能告诉我这是哪里吗?"

那女子在她床边坐下,"我是伦兰,芭蕾国的接待者,负责接待新生者并教会你们如何在芭蕾国生存。你的疑惑我会慢慢解答。你叫什么呢?"

"奥利维亚。"

"是一个好听的名字呢。"伦兰温柔地笑着,"你是这一周来到芭蕾国的新生者——新生者是【王】给予芭蕾国每周一次的人口补充。新生者大都忘记了他们曾经的生活,也不知道是怎么来到这里的。所以我们这些接待者便负责告诉你们如何开始新生活。"

奥利维亚想要说些什么，却又止住了，静静地听伦兰讲下去。

"在芭蕾国的每一个子民，都需要学会的最基本的事情就是跳芭蕾。【王】最喜欢的就是芭蕾，每周的芭蕾比赛中会有跳得最棒的子民被选走，到我们的【王】的世界。

"每一天，除去跳芭蕾以外，其余时间已足够我们休息。一直向南走就可以看到南方玫瑰丛，那里总有最甘甜的露水；一直向北走便能到达冻土苔原，那里的冰水虽然很爽口，但不能多喝，否则会肚子疼。

"至于西边，是西方集市的所在地。需要什么生活用品就可以去那里直接拿取。"伦兰修长的手指在空中比划着每一个地点的具体位置，稍微顿了一下后继续说道，"东边是舞蹈比赛的场地，也是，最接近深渊的地方。"

"深渊？"

"恩。那是芭蕾国中最神秘的地方，从来没有人知道深渊里究竟是什么。也曾经有不要命的子民探险，结果却是无人生还——但同时，新生者也总是从那里来到芭蕾国。舞蹈比赛中的优秀者会得到【王】的庇佑，从深渊走向【王】的世界。"

"你所说的【王】到底是谁？"

"【王】，就是【王】啊。"伦兰眼神中绽开光芒，甚至都能让人感觉到她纯净的信念,"【王】为我们送来新生者,将优秀舞者带去新世界,为我们提供一切生活的所需。我们每一个舞者,最渴望的就是在有生之年能够见到【王】啊。可是只有最优秀的舞者才能见到【王】——这也就是我们练习芭蕾的原因。"她突然话锋一转,"基本情况我已经说完了,你还有什么疑问吗?"

奥利维亚摇摇头。

"好的,那我接下来就带你去你的住所吧。"

2

日子一天一天就这么过去,奥利维亚对于芭蕾国的生活也已经接受。她逐渐喜欢上这个地方——喜欢每两天就要带上瓶子前去接甘露的玫瑰丛;喜欢冻土苔原上偶尔会出现的灰兔,它们总有最黑亮的眼睛;喜欢在西方集市负责分发物品的健谈的米伦廷叔叔;喜欢每天准时准点穿上自己最漂亮的衣服,在中心广场和所有人一起旋转着,舒展着,心情也在一次又一次地抬起双腿中变得高昂起来。有时候她也会去拜访自己当初的接待者伦兰,指导新生者,品尝伦兰加工过后的玫瑰甘露。

一切都是那么的平静而美好。虽然她现在的芭蕾还跳得不够好,但是伦兰总是会夸奖她的身形很美,动作做出来特别好看。每周一的芭蕾比赛她总站在人群中,艳羡地看着在舞台上的子民自如地舞动着。她努力想要记住他们的动作,可最后总是以眼花缭乱告终。然后她也会看见【王】——他总是化形成深渊之中腾起一片奶白色的雾，将优秀舞者环绕住，而后再一起退回深渊之中。每当这时，她就和所有人一起激动感慨。

又到了比赛日，奥利维亚欣赏完一场精彩的表演之后正在为【王】之雾而激动得浑身颤抖着，突然听到旁边传来一声嗤笑。她循着声音望过去，看见的是一名年轻的男子，一身黑色，衣服上没有任何花纹的修饰。

她又看向他的脸庞——是很干净的五官。她又仔细看了他几眼，才找出他与众不同的所在——他不随众人一同欢呼，也没有表情的变化，只是平静地望着深渊，读不出来他到底在想些什么。他仿佛注意到奥利维亚的目光，稍稍向她所在的方向一瞥，又将目光转了回去。

奥利维亚恍恍惚惚地就这么一直盯着他的侧脸看，第一次忘记目送优秀舞者的离开。

3

之后的几次舞蹈比赛，奥利维亚都装作无意地站在那男子旁边。她时不时仗着自己身材娇小便肆无忌惮地打量着他，看他深深的眼窝，看他高挺的鼻梁，看他薄薄的唇——明明是一张没有表情变化的脸，她却好像看不够似的不肯移开自己的目光。她也不知道自己这么做究竟是因为什么。但根本停不下来。

终于有一天在人群慢慢散开之时，他偏过头看着奥利维亚——正因为自己突然袭来的视线而不知所措的女孩子。他勾起一个微笑："小姑娘你好。我是修尔。"

4

她就这么和修尔熟悉了起来。修尔帮她去玫瑰丛接清晨最干净的露珠，她带修尔去冻土苔原看小灰兔。有时候因为什么事情起了争执，修尔总是淡淡一笑揉乱奥利维亚的头发，往往这时奥利维亚就会忘记较真，红了脸颊。

在奥利维亚看来，修尔总是那么云淡风轻，却又温柔如水。每次一起去西方集市领取所需品的时候，他总会将奥利维亚不留痕迹地护在自己身前，不让她被别人撞到。

同样的，他又有敏锐的观察力。他每次对于最优秀舞者的预测总是正确，这不由得让奥利维亚有些惊讶。她不相信一个人没有舞蹈天赋就能看得这么准，便让他在自己面前跳一支舞。修尔本是推脱不会，最后却还是拗不过她，跳了最简单的一支。而他优雅华丽的动作却让奥利维亚惊讶得合不拢嘴。她激动地在修尔旁边跳来跳去："修尔！原来你跳得这么好！你怎么不去比赛啊，我相信你一定能够成为优秀的舞者，你怎么不去呢！"

修尔微微地笑着，依旧是那样平静从容。"奥利，你觉得跳舞的目的是什么呢？"

"自然是要去见【王】了。"

"可是，如果是为了见到【王】而去成为最优秀的舞者，那么你不觉得这样很没有意义吗？"

"能见到【王】不就是意义吗？"奥利维亚有些疑惑，眨巴着眼睛望着修尔。

"奥利，你没有对自己是从哪里来好奇过吗？你不想知道深渊里究竟是什么吗？我相信每一个新生者都会有过这样的疑惑与迷茫，只不过慢慢的，这些思考都随风飘散了。久而久之，就成为了地地道道的芭蕾国子民，可你有没有想过——其实你是被困在这里了呢？你有没有想过你是被自己困住了呢？"

"我想要知道我的过去啊。我不想做没有记忆的人。我不想被自己困住。奥利，你甘心就这样活着吗？"

修尔深深地看着奥利维亚，"我不愿意沦为没有思考的子民，以见【王】为生存的意义。可我又没有办法改变这样的生活，于是就只能做到不加入这样的生活。"

奥利维亚费劲地将整段话理解了一遍，突然有一个想法掠进脑海，"如果你能成为最优秀的舞者，能够在【王】的庇佑下进入深渊，那说不定就能达到你所说的目的，找到你的过去和记忆呢？"

修尔的眼睛，一下子亮了起来。

"我怎么一直没有想到这个办法……？谢谢你，聪明的小姑娘。看来我一直也是被自己的思维困住了呢。但你让我知道了以后该怎么办呢。真的谢谢你。"

5

修尔每日疯了一样练舞。每天的音乐结束后他都要再多练一个小时才罢休，在中心广场上逐渐成为了引人注目的存在。奥利维亚站在一旁，望向他的目光有隐隐的担心。

她有些后悔自己那天的灵光一现了——如果没有那句话，是不是如今的修尔还会是那个愿意陪她去看小兔子，对于舞蹈比赛不屑一顾的修尔？这样子的他，是有些陌生了……

她环视周围。是和往常一样的环境，是和往常一样的来往子民。可她突然有些厌恶这样的生活了。那感觉来得那么快也那么强烈，简直让她无法抵挡。

6

修尔今天依旧穿了一身黑衣，但细细看便能发现衣服上用了浮雕的手法镂刻出繁复的花纹，内敛却不失华美。上场前奥利维亚帮他做最后的整理，修尔看着踮着脚做这些事情的小姑娘，体贴地半蹲降低身高。他们突然挨得那么近，奥利维亚又是红了脸。一切褶皱都抚平后她轻轻拍修尔的后背示意好了。修尔并没有如同她预计一般起身，而是更加靠近了她一些。

"奥利维亚，谢谢你。"

她的额头，被温柔地亲吻。

7

"第三位参赛选手，修尔！"

雷动的掌声中，他不紧不慢地走上台，站定，做好准备的姿势。

奥利维亚没由来地哭泣。

眼泪打在袖口，晕开一片片素花。

音乐声起。明明是穿着黑衣的他，却成了场上最夺目的存在。

"我想要知道我的过去啊。奥利你就不想要知道这一切吗?"

他潇洒并快速地移动着。一个人的独舞却比两个人还要绚烂耀眼。

"奥利，你是被困在这里了啊。可我不愿意做被困住的人。"

他的脸上，有最完美的笑容。

"我不想做没有记忆的人。奥利，你从来没有好奇过深渊中到底有什么吗?"

他是最后跳完的舞者，却获得了最多的欢呼。

"谢谢你奥利，你让我知道以后该怎么办呢。真的谢谢你。"

她又看见了那团奶白色的雾，环绕的目标是一脸平静的修尔。全场鸦雀无声，而每个人的眼神都是激动的，崇拜的。

那团雾挟着修尔慢慢消失在深渊之中。

人群慢慢散开。

奥利维亚呆呆地站着，突然向前跑去，跑到深渊的一旁。她咬了咬嘴唇，看向那一片奶白色的雾气。

——修尔，我也想知道自己的过去。

——修尔，我想去找你。

她的耳边仿佛传来伦兰焦急的呼唤和许多人的制止声。她却没有回头看没有仔细听。她微微笑着，纵身一跃。

——修尔，我不想被困在这里。

8

老工匠从桌上排放整齐的人偶中拿起一个男人偶，放进已经组装好的音乐盒中，小心翼翼地关上盒盖。转身却在地上看到一个摔碎的人偶。

奇怪。这人偶怎么掉到了地上？或许是自己不小心碰到了吧。

他摇摇头，用放在一旁的扫帚和簸箕将那些碎片扫起来，倒进垃圾桶中。

好美啊。女孩望着远远的岛屿和海边特有的大朵大朵的白云，"西乔，谢谢你带我来这里。"

名叫西乔的男子微微一笑，俯下身把一串贝壳项链挂在那女孩的脖颈上。明晃晃的阳光照下来，整个海面都熠熠生辉，包括只有他们两个人在上面的白色大船，也显得格外耀眼。女孩幸福得想要哭泣，跳到甲板上，大声地呼喊，唱歌。西乔，微笑着看着她。趁女孩忘情没有注意，偷偷拉开了一扇小门。瞬间，一大群鸟飞了出来，是鸽子，白色和灰色混杂着的鸽子。飞到女孩身边，和女孩一起，跳着全世界最美的舞。

女孩是埃及人，上帝把她托付在一户贫苦的不能再贫苦的农家。随着岁月流逝，女孩长得楚楚动人，聪慧，纯真，善良，除了良好的家世，世上一切美好的东西仿佛都集中到了一个人身上。爷爷为她取名萨德其。

那时许多探险队都爱到埃及猎奇，他们把希望寄托在遥不可及的黄金之国，埃及艳后的坟墓，法老的宝藏。沙漠里留下他们的脚印，无数人迷失在那里。但有毅力走出沙漠的人，会有幸在绿洲看见女孩和爷爷相依为命的那个村庄。当时，西乔就是这样一个走出了沙漠的幸运儿，像所有俗套的故事一样和女孩相识。在沙地上教她写字，又一起去采集莎草，一起做成了纸，把他们的名字写在了一起。只是，这样的西乔，却有一个令人惋惜的缺陷，他是个哑巴。

萨德其却在这时，勇敢地叛逆了一次。西乔留下了探险所得的所有财宝，而萨德其在家偷偷缝好了爷爷一辈子也用不完的渔网和衣裳，在月光下，与她的西乔一起骑着骆驼，奔出了茫茫沙漠。谁也不知他们是否能活着出去。

所幸他们到了开罗，买下了船只，就这样，他们决定到每一块未知的大陆上去，到每一个长满椰子树的岛屿上去，到每一个海湾看日出日落，到每一个古老的城市看土黄色的老城墙，到丛林里去，拽着碗口粗的藤条荡秋千。总之，一个华美的冒险生活在萨德其的眼前展开，未来，会一直流浪下去，西乔就是她的家，她带着家流浪。

"你后悔过随我出海吗？"西乔在莎草纸上写下这样一句话。萨德其一看，愣了一下，复又猛地摇头，紧紧抱住了她的恋人。

夕阳下，一对恋人静静注视着对方。背后，纯净的天空和大海的蓝色交相辉映着，阳光穿梭在大海与天空之间，无比的奇妙。

第二天，萨德其先醒了，身旁的少年还在熟睡。她一个人走出去，像往常每日做的事一样，看海边的日出。此时，夜残留的黑已经完全被光明驱赶，阳光也还没有正午时那样刺眼，只是安静地流淌在海天之间，整片天空都是紫红色的，只在靠近太阳的地方渐变成粉黄色，太美了。萨德其忍不住又开始歌唱，她的声音像是花瓣纷纷落在平静的水面上，像是迷雾里升起来一片月光，这样美的声音，任何人听了，都会被她迷住吧。

但是，萨德其却敏锐地听到，有一阵歌声，从缥缈的海的那一边传过来，似乎和她自己的一样柔婉，动人。萨德其继续唱着，用心唱出平生最美，也最响亮的歌声，用歌声问候远方的那个人，希望得到回应。远方的声音，似乎停顿了一下，继而又唱了起来。这时船已经靠近了，那个声音显得不再那么缥缈，再仔细听，仿佛是一群女孩，而不止一个。

萨德其的身后，不知何时，西乔已经醒了，正痴痴地看着远处，听着海面上回荡着歌声。西乔虽然是哑巴，却不是聋子，他沉稳地开着船，向歌声发源的那个迷雾重重的小岛开去。

越来越接近那个小岛了，耳畔的歌声也越来越柔美了，忽然，一阵甜蜜的睡意笼罩了他，他就这么沉沉地睡了过去。

梦里还是歌声，萨德其和远方小岛上的人交织在一起的歌声，还有海水，有鱼的尾巴扫过他。真是想一直那么睡下去啊，可是，他被一阵芬芳催醒了。

西乔睁开眼睛，不好，不是他们船上，而是在一个山洞里。四面点燃了蜡烛和熏香，七色的绸布围在洞的四壁上。"萨德其，萨德其，萨德其你在哪里?"他心里呼喊着，自然没有得到任何响应，只有歌声，隐隐约约萦绕着，但是，没有萨德其的。

不好，难道，他遇见的是古希腊传说中的塞壬?

这时，歌声停了下来，十来个美貌女孩，簇拥着他的萨德其走了过来，或者，还不如说是萨德其被她们押了过来。萨德其浑身湿漉漉的，和他一样，莫非?

萨德其看了那些女孩们一眼，脸上说不出什么表情，"我们……是遇见了塞壬……"

塞壬? 真的是她们，传说中，以不可抗拒的歌声来迷惑过往船上的人。引诱他们上岛之后再吃掉他们的塞壬。那……为什么他们还活着?

西乔从萨德其的叙述中渐渐知道了来龙去脉。原来，萨德其是唯一不能被塞壬迷住的人。她的歌声，甚至比塞壬的更加美妙，这使她们大惊失色，决定不再吃他们，反而，想请他们留在岛上，一起唱歌，她们误以为和她同行的少年也会有美妙的歌声。可是……西乔大惊失色："我是，不会唱歌的，不可能的。"他用手语比出这样的意思。

"那你就一直假装下去，一定会有脱身的机会。"萨德其用眼神传达了这样的意思。

塞壬们听不懂他们的意思，却知道他们打算逃跑的心情，立刻就把萨德其拉了出去。

接下来，萨德其遭遇了自己人生中最黑暗的一个夏季，莫名其妙被一群水妖绑架到了这个遗世独立的小岛上。被迫每天和塞壬一起唱歌骗来无辜的商人、水手，再看他们被活生生地吃掉。起初，萨德其是坚决不会吃的，可是，久了，也不得不就着眼泪，开始这种茹毛饮血的生活。塞壬们已经越来越怀疑西乔会不会唱出美妙的歌声，如果……萨德其想，到时候就和他一起死去。每一次看到商船的时刻，萨德其都是悲喜交加的，看到生的希望，离开的希望，却最终把这希望粉碎。

西乔，你后悔和我一块出海吗？一天太阳即将落山的时候，身边没有一个塞壬，萨德其在纸上写下这样一句话问西乔。

西乔只是沉默着看了她一眼，并没有回应。

这天晚上，萨德其没有像往常一样去西乔的房间里看望他，而是一个人到海边。晚风吹散了最后一点的晚霞，夜正在渐渐地合拢，星星无比的明亮，萨德其看着，忽然就流下泪来了。

她忽然想明白了，也许，西乔是在怀疑，她本来就是这群塞壬之中的一员，她接近他，就是为了骗他来这儿。

夜渐渐深了，没有一个商船来这里。塞壬早在这里设下了结界，只有白天才有商船可以进入，至于夜晚，那是她们的休息时间，不许有人类来打搅。更不许有人在他们熟睡中悄然造访这岛屿，再悄然离去带走秘密。

我们，明明是在这荒蛮之地，唯一的同类。

西乔现在除了恐惧没有别的感觉，他诅咒自己，如果没有去埃及，没有遇见萨德其，就不会来到这个岛屿。但是，这能怪萨德其吗？还是，这原本就是一场骗局。萨德其的歌声已经越来越美丽了。他回想起自己的当初，在埃及那段金色的时光，不也是被萨德其的歌声吸引，爬上沙丘去找她的吗？她的歌声美得不像人类啊。

那天夜里，萨德其不会知道，自己坐在海边看星星的时候，其实是有人拜访过西乔的——塞壬中年纪最大的一个。西乔面对这个美貌女子，却只觉得恐惧，她们，每一个都是吃人的怪物。但是，当她唱起歌，他又感觉到甜蜜，就像是曾经在沙丘下面听萨德其唱歌。

西乔又睡了一觉，醒来，看见自己睡着的地方已不是冰冷的山洞里的石头上了，他的屋子里镶嵌着五光十色的宝石，燃的熏香也比上次好闻了上百倍，他的床上悬着珍珠做的帘子，铺着最厚实的毛毯，最柔软的枕头。

一瞬间，他仿佛明白了即将到来的命运……

萨德其已经三天没有来找他，到了第四天，西乔以为她已经完全忘了他，背叛了他，萨德其却来了。

"你听着，这是我们唯一的希望，"萨德其恳求地看着他，"我们只要想办法把她们都弄哑……"

"她们是有魔力的，"西乔冷冷地看着她，"你这种办法，只会被发现。"

"是真的，今天我和她们一起唱歌，她们当中年纪最大的那个独唱了一整首歌，是在叙述一个悲剧故事。家族里一个最小的、最美丽的、歌声最婉转的妹妹误服了一种岛上的毒草，失去了声音，忧伤而死了。这个故事，我觉得是在说她们自己。萨德其飞快地打着手语。

"听我的，我每日没有时间，从早到晚要陪她们一起唱歌，你可以的。明天天一亮，你就去找。我们一定可以逃出去。"

萨德其，寄托所有希望于眼前这个男人。

可是，西乔却打了一个手语，"你和她们，一起唱歌那么久，不会有感情吗？"

萨德其无言以对。

那一夜，他们都在各自的房间里，想了好多好多，夜色如水，那一晚，很快就过去了。

"你会帮我的，一定的。"

"你是真的吗？也许，我可以自己逃出去。"

十年后。

岛上没有人类了。

塞壬中最年长的一个，趁姐妹们熟睡，一个人到海边唱歌。歌词的大意是这样的：

十年前啊，孤岛中误闯来了人类。女孩的声音美如金线，男孩却是个哑巴啊。女孩想出了办法逃离岛屿，男孩却怯弱不敢去做。他疑心女孩是水中的妖怪，要一个人自己寻求生路。他每日与水妖寻欢作乐，女孩忧伤得只好跳入了冰冷的海水里啊。男孩知道时已经太晚了啊，只剩下遗憾。他也伤心得死去了啊，死时只有一个人。

你爱过那个男孩吗？塞壬问自己。

只有柔美缥缈的歌声，散布到整个空间中。海水涌上岸来，颤抖着打着拍子。

一

孤海里有座灯塔，塔的对面有间茅屋，茅屋里住着一个女孩和一条黄狗。

村里人都管女孩叫水杉，无人知道她是从何而来，只知道自这座灯塔建起时她便依附在这片水雾迷离的村庄深处。

这村沿海，灯塔就建在离岸最近的礁石旁。村里人很少来这里渔作，或许是传说此地曾有海妖出没，她专蛊惑那些年轻壮硕的小伙，施了法术让他们着迷般决绝地踏入海中，直至淹没。但又或许，是这海隐秘得太深太深，无人愿意翻过一座座山岭来到这里。

水杉是个美好的姑娘，她一直在这里守着她的灯塔。尽管夜里的海从没有渔船经过，她依然会带着黄狗一同渡船来到那最近的礁石旁，爬上灯塔，照亮一片昏黑的海岸。她日复一日地做着重复的事，好像日子从没失去希望，她依然会在每月月末带着黄狗翻过一座座山岭，来到村里最闹腾的集市上，去看去听然后傻傻地笑。

水杉常常想，若是自己生在这热闹的地方，自己和黄狗的生活会不会有所改变——自己若是生在这儿，是不是永远也看不见那孤海里的光了。每当水杉认真地思考着自己与黄狗的生活时，总有人在集市上吆喝自己的名字，她往近处走去瞧，集市上的人脸上堆满了油腻的笑，他们会拉住水杉并且让她买些"水杉子"回去。她问什么是"水杉子"，集市上的人就说这是一种仙药，吃了它就不会死。

可水杉心里想着自己本就不会老去又怎么会死呢？于是挣脱了那些满面狰狞的集市人，带着黄狗匆匆跑回了村庄深处的茅屋里。

二

有那么一段时间，山里不间断地下着绵雨，但水杉依然带着黄狗每夜渡船点亮海边的灯塔。一日夜中，在雨中逡巡，黄狗的半身浸在海水里，它衔着船绳将船推出，而坐在船中的水杉则望着漆黑的夜空目无定所。过了不久，水杉将船靠在礁石旁，习惯地等在船中，仔细听着黄狗上岸的声音。

水杉没有等来黄狗跃上礁石时的水花声，只有风起风落时夜海中渗入的寒冷。她扶着船沿向后叫着黄狗的名字，但却依然没有得到回应。她毫不犹豫，转身跳入了冰冷的孤海里。

　　当水杉抱着虚弱的黄狗翻过一座座山岭来到村里最闹腾的集市上时，那时已是微微亮的早晨。山里的清晨雾气很浓，水杉被冻得发抖却始终不曾停下脚步，她抱着黄狗来到了有"水杉子"的地方。

　　水杉心中急切地想着，黄狗会死的，它不如自己，它会离开自己的。她的泪水不停地流，滴在了黄狗的皮毛上，它微微一颤，这是滚烫的泪。

　　水杉从集市上的人那里买了好多好多的水杉子。在回去的路上，水杉遇见了一个小伙，他看着她可怜地抱着一只黄狗，说，我知道你，你是住在村里深处的那个女孩。你好，我叫阿肆。我帮你抱它回去吧。

三

　　水杉不知道阿肆是谁，但阿肆却知道自己是谁，这让水杉有些疑惑。她领着阿肆翻过一座座山岭，回到了孤海边的茅屋。水杉将黄狗安排在茅屋中最温暖的一块地方，她在屋外生起了火，照亮了昏暗的屋子。

　　水杉告诉阿肆自己要在夜里渡船去点亮海中的灯塔，她想让他陪自己一块儿去。阿肆问她，为什么明明没有渔船却还是要每夜坚持去点亮那座废弃的灯塔——水杉说，她只知道这是她每日唯一期待的事，这是她和黄狗的使命。

后来，那天夜里，水杉渡着船去了礁石那岸，阿肆留在了茅屋中照看着虚弱的黄狗。

黄狗吃着"水杉子"一日一日地转好。最初，水杉是不信这是仙药能让万物不死，她本以为"水杉子"只是一贴草包，是吃着让人安心的东西，但却没想着黄狗竟能恢复往日的生气。她开心地朝着阿肆笑，她说，集市上的人真是好人，都能将我家的黄狗治好。阿肆却沉默无语，凉凉地瞧着那盏未亮的灯塔。

后来，水杉与阿肆经常一起靠坐在海岸边上，薄暖的光洒在海上，她指着入暮时的紫霞痴痴地笑着。她问，阿肆，你说我们以后会不会永远在一起呢？阿肆却从不回答，只是笑着亲吻她。

四

最终，"水杉子"让黄狗离开了水杉。黄狗还是死了。

水杉想不明白，为什么"水杉子"突然没了用抑或是它害死了它。她悲伤地流着泪，红着眼睛，看着这片孤海。阿肆说，和我一起离开这里吧。水杉摇摇头，说，不可以的。

黄狗和她是这里的守护者。

那时的水杉就如一根细弱的水草，在冰凉的水中不停地摇曳，她异常迷茫无助，她真想跟着阿肆翻过一座座山岭去到那村里最闹腾的集市上瞧瞧。她不停地奢望着，却不知道哪里是头。

阿肆对她说，我要离开了。他向自己的胸口比划着，你被困在这里了。水杉摇摇头不说话，只是不住地落泪。

又过了很久很久，水杉依然独自一人守在灯塔对面的茅屋里，日复一日地做着重复的事，她依然在每月的月末翻过一座座山岭来到村里最闹腾的集市上去看去瞧，她走在热闹的街边，人流攒动着。她听说，村里王家的二儿子找了个媳妇儿，今天是大喜的日子。村里人拥在王家人门口张望着新郎官和新娘子的模样，水杉也悄步走上前去凑了热闹。

那新娘子用红布盖头盖着瞧不见模样，只晓那女孩身材瘦小如自己一样脆弱。在众人的捧和声里，新郎官牵着那女孩的手进了里门。

五

其实，水杉也不知道自己为什么始终还是会回到村庄深处的茅屋里，她独自一人坐在海岸边上，红着眼睛，看着这片孤海。

后来，曾有人去山中寻水杉，想要告诉她，他们村要搬去另一个山头了，却始终也找不到她所描述的那片海，那座灯塔，和那间茅屋。

一

我端着手上这碗忘川水，瞧着眼前这位女子。

"怎么，已经过了这么多年了，你还是被困在这里，不愿意离开吗？"

眼前的女子摇了摇头。

"生生世世早已过去，你若是等他转世轮回，也再不是从前的那个他了。忘川水早已带走他的记忆，倘若你意念不散，纵使我再有能耐，也无法帮你度过这奈何桥。"

"可是……他竟然走得那样急，急到我还来不及听他说一声'对不起'，竟是来不及听我回应一声'我原谅你'，就这样悄声无息地去了。我犹记得他最后一颗眼角的泪，在我心里久久不能消散。我只想在奈何桥边守着这一份记忆，诉说我所有的遗憾。"

紫色轻纱、淡青玉簪，淡然到极致又从容到极致。女子坐在河边，静静凝视着忘川河面。忘川河本是为了满足离世后人们最后一个愿望，可以显现出照映河水的人最想重温的生前画面。而她竟守着这些片段不愿离开，度过了无数个春秋日月。

水面上不仅仅是她的倒影，还有一位男子，面目清秀，温文尔雅。身着一袭白衫，男子手执书卷。男子身旁的姑娘正是她，她口中念念有词，眼中绽放出兴奋不已的光，对那幅字画爱不释手。他们相视一笑，甚为默契。

画面又转，她独自一人在小湖上泛着轻舟。一身紫色的衣裳甚是灵艳动人，仿佛是翩然飞来的蝴蝶儿，眉眼之处却是挥洒不去的少女情怀，忧愁相思。

"红藕香残玉簟秋，轻解罗裳，红藕香残玉簟秋，轻解罗裳，独上兰舟。云中谁寄锦书来？雁字回时，月满西楼。"望着水中的她，女子自己仿佛是痴了、醉了，忆着青春年华往昔的岁月，怕是思念也成享受，"花自飘零水自流，一种相思，两处闲愁。此情无计可消除，才下眉头，却上心头。"

"可是他已经不在了。他的离去皆是因为我，我却不觉得后悔。是我的太过倔强害了他，我却又从未改变。看着这些画面我内心欣喜，马上就又心如刀绞。我无法想象失去记忆后会是怎样，我无法获得解脱。"

"让我来告诉你，困住我的梦魇究竟是什么。"

二

"要我说，这里就叫'归来堂'，取于陶潜《归去来兮辞》。从此之后我们便是隐士，填词作画，搜寻古籍，过上乡间平静安宁的生活，远离官场的钩心斗角，明诚，你说好不好？"

"好，只要是'易安居士'取的名称，自然是别有一番雅趣。"

"明诚又笑话我。"

"易安，你来，"他牵起我的手，一路走过乡间小径，一股沁人心脾的芳香幽幽袭来，醉人而馥郁，"竟是桂花！真是'何须浅碧深红色，自是花中第一流。'"

清风，惊得丹桂纷纷摇落，散作如雨如烟的风景，又在半空作舞，星星点点，是太美好太诗意的画面。

明诚转过身来对着我："我知道，清照你喜欢桂花，喜欢桂花的暗淡轻黄，喜欢桂花的体性轻柔。我便在这桂花树下立誓，从此在你左右，守你一生，永不相离。"

桂花的明媚，飘飘扬扬，朦胧得太不真实，宛如自身与这漫天的丹桂，都融入了甜美梦里……

漆黑的深夜，清冷的月光照在我的身上，远处似乎飘来了什么呼喊声，我猛地睁开眼睛，一时间觉得心里颤动不已，"明诚？明诚！快醒醒，外面好像有什么动静！"

"怎么了……我听听，好像是……！"他突然坐起身来，来不及整理好装束打开房门，一股窒息的浓烟笼罩在上空挥散不去，魔鬼的手仿佛就在此刻，死死扼住了我的喉咙。

红色的火焰，凄厉的尖叫，混杂着孩子的啼哭，房屋烧得劈啪作响，刀光剑影，血染大地。我的脑袋嗡嗡作响，一切融合在了一起，只剩一片明晃晃的光和变动的暗影。袭来的是苦难，打破的是宁静，四个大字，四个令人恐惧的大字——叛军作乱。

"没办法了，现在的我们恐怕难以自保……"明诚和部下低声说着什么，"……唯有这一条出路……"我的思绪渐渐被拉回，"最后关头……建康失守在所难免……用绳子缒城出逃是下下策，但是……"

"明诚……等等，你究竟在说些什么？！什么叫已经到了最后关头，什么叫难以自保？建康还没有失守，我们的将士还能战斗，我们要留下来！"我拉住明诚的手，一记一记地，心脏重重擂鼓，"为守住建康，死又何惜？"

"你既然已经被任命为建康知府，危难关头又怎能临阵逃脱？！你，"我走到门边，"你看看，那些士兵还在拼死作战，你看看那些百姓还在受苦受灾，我们的国家危在旦夕，你却只想着逃跑，为了苟且偷生不管不问？你的自尊心呢，你那些豪言壮志、那些爱国之情现在在哪里？"

"清照，已经没有时间了，就当我求求你，随我离开吧。"

"不要再骗自己了，朝代更替兴亡本是常事，大局已定，再无回旋余地了，我们，不要再自欺欺人。"

"和我走吧，算是为了我。"

一路上缄默无语，只有星子冰冷的光，仿佛是对我无尽的嘲笑。从前所写的那么多诗歌，那些批判政治的、那些抒发爱国之情的，现在全是刀子，一刀一刀刻在我的尊严之上，我，羞愧难当！可是，再无争吵。抛弃国家与百姓的是我的丈夫，懦弱无能的竟是我的丈夫！

行至乌江，这里是项羽自刎的地方。为什么，明明有机会回到楚国，等待东山再起的他，亡了军队失了志向，便毫不犹豫地拔剑结束自己的性命？！因为无颜再见江东父老！为了国家为了家乡，不是理应不顾生死的吗？

停下步伐，我逆着光，在落日的余晖之下。"生当作人杰，死亦为鬼为雄。至今思项羽……"我顿了顿，转头望向赵明诚，那个我爱了一生如今却难以面对的男人。

——至今思项羽，不肯过江东。

他愣了愣，嘴唇微微颤动，仿佛想要说什么辩驳，但却最终缓缓转过头去，以手掩面。我的眼前变得模糊，温热的泪水从脸上滑落。那一刻，即使是自己收集珍藏了那么多年的心血丢失，再难找寻，我也不会流泪；那一日，父亲被牵连家里遭落魄，我没有流泪；那一夜，城里发生叛乱，国家危在旦夕，我都没有流泪。但如今，我对我面前这个熟悉而又陌生的人感到失望，失望透顶。

"易安……"他的声音虚弱而无力，仿佛是没有了呼吸。连日来他身体每况愈下，可我未想到他的病竟会这么严重。我说的那些话对他打击太大，梦中都能听到他的呓语，他难以掩盖的懊悔自责。各种情感涌上心头，分不清是涩是酸，是凄苦是不安。

我站在远处定定地看着他，难以置信，不敢接受这将到的现实。他会离去吗？原来他会丢下我一个人。我以为他在桂花树下许下的，那个要守我一生承诺，不是儿戏。

"易安，在我弥留之际，你……也不愿意靠近我吗？"怎么会是弥留之际呢，真是在说傻话。

"想必你一定是恨极了我的。怎么不会呢，你的毕生梦想……不就是希望国家兴盛，百姓和乐吗？"不对，不对，停下！快停下！有什么东西马上要失去了，我抓不住，我抓不住。得赶快到他身边，不然我会后悔！

"因为我的……懦弱，咳咳，你一定……受了不少打击吧……让你这样毫无颜面，真是太……对不……咳咳……"我几乎是跌在了他的床边，紧握住他的手。

可是，下一秒，我再也攥不住的，是他的魂魄。

"寻寻觅觅，冷冷清清，凄凄惨惨戚戚。"

好一壶酒啊，可以忘掉愁苦，可以不再凄清！国恨、离愁，仿佛统统，统统都离我远去！是我自己种的苦果，自甘忍受此中滋味！真是公平。

明诚，你走了这么多年，想必定是恨极了我，若我不是如此倔强，你又怎会积忧成疾、因诗消亡？若我不是如此倔强，我又怎会颠沛流离，一无所有？

"乍暖还寒时候，最难将息。三杯两盏淡酒，怎敌他，晚来风急？"

雁儿啊，从前我托你带去我的相思，那时的我还年轻。现在倘若你能听懂我的心意，能否带去我的话语？怎可能，雁儿，现在谁也无法找得到他，这风景真是煞甚心情！

"雁过也，正伤心，却是旧时相识。满地黄花堆积。憔悴损，如今有谁堪摘？"

那年那月那时的桂花啊，今年可还开得艳丽?！斯人已去，我如黄花凋零，独守苦灯，独等天明！

"守着窗儿，独自怎生得黑？梧桐更兼细雨，到黄昏、点点滴滴。这次第，怎一个愁字了得！"

这次第，怎一愁字了得?！明诚，若我在这黄花微雨中香消玉殒，怕是能忘记当年你执手的承诺，怕是不会再梦见我们白头到老的梦，怕是也不会哭成泪人，伤心自怜了吧……明诚，为何不早早唤我回去……

三

她叙述完自己的故事后，便是半晌的沉默。

你只是被困在这里，反反复复做一个永远不会醒的噩梦啊。

"易安，"我轻轻唤她，"孟婆我终日守着这桥、这河，见多少痴男怨女不愿离去，可却从未见过如此之深的羁绊。易安，不要再被这份遗憾后悔困住，因为你丈夫他从未怨恨过你。不要再被自身情感与国家大义所困扰迷惑，因为作为一名妻子，你付出了你全部的爱，作为一名诗人，你付出了对国家全部的热情。"

"一个人的人生是多么短暂，可我们往往总还是觉得自己做得不好、做得不够。你无法拯救你的丈夫，也无法拯救你的国家，只能眼睁睁地看着自己的无能，只能独自吞咽泪水。可是因为你的努力，赵明诚他学会了如何去爱；因为你的努力，宋国朝廷的懦弱不会被世人记住，你们文人墨客最后做的顽强抗争却仍能被景仰、被后人视为启示。如果能付出自己全部的努力，沉积下亘古不变的信念意志，你还有什么值得去追悔？

"易安，离去吧，带着这一份信念与信仰，也许你与你的丈夫还会在轮回中相见，你更有可能再创造出一番奇迹。你可以再次为你的国家尽忠，也可以与你的爱人相守，活着的生命，总是比游魂好太多。"

她没有说话，只是望着眼前这条清澈的河水，眼神迷离。

"准备好了吗，告别从前的所有，重新开始属于你自己的故事。"

她回头，憔悴一笑，微风轻轻吹拂着她的青丝，手中捧着几朵丹桂的她是出尘的仙子，怀着深刻的爱，怀着独自承担的无数个日夜的坚韧与刚强，她是脱俗而又纯净的桂花，永远散发着沁人的香与高洁的美。

　　"你看这桂花……开得多好。"

　　易安走后，男子从他人难以察觉的桥后走出。"她终于是走了，"他的眼中满是落寞与不舍，但语气甚为欣慰，"也不枉费我在这里苦苦守候几十年，又托付你劝她这么久。"

　　"说到底，你只是没有勇气面对她，向她道歉。你不知道如何表达从未改变的爱，也不知道如何面对彼此的相见。你看到她因为你的离去而忍受折磨，对自己的无力感到惭愧。你发现她竟然还记得从前的诺言，对自己的无用感到羞愧。"

　　"这份爱太沉重，我无法承受，却更不能丢舍。"

　　"生命是太美好又太严苛的奇迹，不允许我们回头重来第二次，自以为使她解脱的你不懂。赵明诚，她只是朝朝暮暮被噩梦所侵扰。而真正被困在这里的，却是你。"

"火车停了。"

"什么?"我凑上前去,想听得更清楚一些。

眼前这个刚刚清醒过来的女孩,在一个月前经历了一场巨大的劫难。村子里的人在山坳里找到的她,捡回来时昏迷不醒。

我是在这里支教,顺便负责为她作心理辅导的医师。据说在这一个月里,她不是呆愣地看着空气,就是沉浸在明显不怎么美好的梦境里,擦上她额头的干毛巾取下后总是湿冷的。

我问了话,她却再没有反应。低垂着眼帘沉默着。估计是经历了这样巨大的灾难,她已经算是非常坚强。对于这种灾后心理创伤的患者,我认为不应该一口气追问得太多,这对于病情百害而无一利。

但是我需要知道发生了什么。我给她

留下了纸笔，这是让她平和叙述的一种方式。

一

"因为大雪，我们的火车停了。"班长走进车厢里，轻松地宣布道。

"过不多久就会好的，不用担心。"

座位上的同学面面相觑，只能自认倒霉。车厢里的情绪还算稳定，人们拆开携带的零食和书籍开始消磨时间。

而火车一直停到半夜，车里的同学包括其余的乘客已经有了几轮骚动，此时终于挨不过漫漫长夜开始长眠，车厢终于寂静下来。

突然，有人开始喊："雪下大了!"

我第一个趴上窗沿，果不其然，大雪纷纷扬扬地落下，轨道边一望无际的乱石丛里已经鼓起了好些个坟包，我心里发冷，与此同时车长也招呼着车厢里强壮的男性下车帮忙，许多男同学也下了车。

大雪积在火车头和轨道上，车子根本动不了，像是被禁锢在一个沉默的白色死亡里。我和小满还有另外的一些女孩子靠在一起，暖气似乎有些后劲不足，等到它完全耗尽便是一件很可怕的事情。男人们在车下奋力地自救，拿各式各样的工具或是干脆手刨着雪堆，但是几乎是杯水车薪。

"前轴都断了。"班长气喘吁吁地上车，坐在一边，脸上有挫败的表情，"还有机器里面也有问题……没用了，等人来救吧。"

女孩之间有惊恐的声音发出。脸色灰败的男人们陆陆续续地上车来，似乎是为了留存不多的体力而没有人说话。车厢里是死一般的寂静。

我看着小满，因为挨着暖气她的脸红扑扑的，"我有点害怕了。"

"没事，吃的肯定够。"她脸上明晃晃的笑容一闪而过。我们又相互依偎着，怀揣着明天一切就会变好的愿望进入了梦乡。

二

第二天早上醒来，似乎情况更加糟糕了。

"为什么还是没有人来救我们?!"车上有乘客发出不满的抱怨，夹杂了一些慌乱。过了一会儿有人大声地悲号道："有谁会来救我们! 有谁愿意进来这鬼地方救我们!"

"暖气快要没有了。"小满的脸色如常，只是令人窝心的红扑扑的色泽消失了。我也抬头看着暖气孔，抬手去摸了摸，确实，疲乏得像是在苟延残喘。

"迟早食物也会被吃光的!"坐在前排的一个大个子的男人猛地站起来，其余的人都得仰头看他，视角一下子变得狭隘了，光线更暗，确定收敛了几乎所有人的目光后，他继续粗声道，"我们必须有平均分配的制度。这样，我们把所有的吃的全都上交，然后每天按人头配给。"

尽管有所不适，但是对于这个决策没有什么人有异议，大家上交了包里仅存的不多的食物，连糖果都没有放过。

于是连着这么三两天，起初火车上的食品还可以供应，到后来就只有绝望的那些上缴的零食了。加上暖气不足，身体需要的热量更多，特别是血气方刚的男生，正在长势里，那样一些配给根本不足以填饱肚子，连眼神都饿灰了。我手里攥着一快鸭脖慢慢地啃，恨不得从骨头里咬出肉来。小满正在吃的是不知道谁上交的一块蛋糕，时间太久，都硬了。

我看着手里一堆被咬得细碎的残骸，对小满说："会不会被困死在这里了？"

小满嘴里艰难地嚼着蛋糕，然后像吞石块一样地吞下肚子，"你不要怕，会有人来救的。越是害怕，就死得越快。"

她镇定地说完，又咬下一口。

三

第六天的时候，连存粮都吃光了。

我把口袋里最后一粒椰子糖塞进眼神已经有点飘忽的小满嘴里——她的运气一直不太好，总是抽到不怎么样的东西吃——"还好么？"

这时候，坐在前排的大个子又一次站起来，说道："我们要建立一个制度。"

大家已经没有精力去反驳，甚至于连感到不适的力气都没有了。

"这趟列车上有多少人?"他问乘务员。

"五十个。"因为是春节前,这个时间点出行的人极少,我们也是挑准了这点才选择了出门旅行。

"我们要投票。"大个子虽不如几天前声如洪钟,但是靠着体格的支撑还是十分的结实,"得票数最高的几个人,要被吃掉。"

人们先是惊愕,惊愕地发不出任何的声音,然后居然沉默着达成了意见的统一。

简直像是嗜人列车的情节。

为了活下去的人们,开始变得残酷,并且一切都显得理所当然。

于是那一天,我们每个人手上,都领到了一张纸条,座位号码就是每个人的编号,然后根据编号来投票选择我们今天的晚餐。

每个人的眼里都露出一种光来,像是根本压抑不住的本性,饿得灰败的眼神都亮起来,像是即将燃尽的火堆最后的一簇迸发的光亮。

我还是紧紧挨着小满。不论如何,我们都不会把自己的票投向彼此。

四

几十个人对食物的消耗,还是巨大的。

第九天的时候,车厢里已经只剩下了十个人。

有几个同学已经被吃掉了，也许我把票数投向了他们，也许没有。总之在那几天里，第一次尝到人肉的味道后，我开始浑浑噩噩，我把自己的票给了小满，由她来代我投票。

　　我无条件地信任我的死党，不论何时何地。

　　雪还在下着，我如同行尸走肉地吃完饭，斜倚在车窗上，额头碰着冰冷的玻璃，先是不适应的，然后开始麻木。

　　暖气反正是没有了，车厢里又冷又湿，有长久未洗澡发出的味道，还有一点点，难以嗅觉的血腥气。

　　那天小满把我喊到厕所门口的过道里，脸上有难以掩饰的惊恐。

　　"他们说，明天要把票投给你。"

　　我愣住，这完全是意料之外。

　　"这个制度从一开始就是不公平的……那大个子的亲友多，他是有控制力的，但是……我们这边的人太少了。"小满面露悲戚。确实，我们的同学已经有不少都消失了。很多人都觉得孩子没有能力，留着也没有用。

　　我还是傻站着，感觉身前身后的车厢里的人们，都是一头头的恶狼，纷纷甩着獠牙，眼中是阴鸷的光，要把我拆吃入腹。

　　"惊蛰，说实话，你想活下去么?!"她的眼神忽然坚定起来，向我踏上一步。

　　"我……"忽然觉得难以启齿。

　　"想么?"

我闭着眼睛，认命地点点头。

"那你听我的。"小满咬着牙，恶狠狠道，"杀光他们。"

五

其实，我觉得我似乎是做错了。

但似乎又没错。

小满不愿意喊别人，"除了你我不信任别人。"这就意味着别的人都要死。我不是没考虑过人性，但是在自己的生死关头，想的，全是自己。

"完事之后，我们就可以等救援，还有充分的食物储备。"小满斜睨着那些人，好像在她眼里已经是一摊烂肉，"吃不完的尸体就扔掉，总之，我们是无辜的。"

于是，等到人们入睡，我们两个还是苏醒的。小满拿着小刀逼向第一个人……

但她毕竟不是适合做这种事的人，下刀的时候她的手在明显地颤抖，我的手里也攥着刀，尽管没有动手但是抖得不比她轻。对着第一个猎物动手的时候就出了岔子，因为那个女人醒了——黑暗中她发出惊心动魄的尖叫，我的刀几乎要掉到地上。

人们迅速地苏醒过来，有人用最快速度打开了手电，有光打在我俩的身上，我被晃得直眨眼。

——怎么办，我要被处决了么？

我的身体不受控制，我喉咙里发出怒吼，刀尖对准了前方的小满。

我咆哮道："你居然要杀我！"

小满转过身，还有许多人弄不清楚发生了什么事，她的脸上闪过冷笑和绝望，然后猛地推开人群，跳出了火车。

六

我读完了这个故事。

我看着依然不作声的女孩，"所以，你是……惊蛰？"

她不说话。

被背叛的小满，冲进大雪里，想必是凶多吉少吧。虽然，想必当时的她，心里已经与死灰无异。

"我梦到了这个故事，写下来而已。"女孩突然平静地说道，脸颊被暖气烘得红扑扑的，"我什么都不记得了。也许，我是惊蛰吧。"

"你为什么会一个人倒在山坳里？"

"不知道。"

再问下去也没有结果。这个时候，有人来敲门。

"许医师，DNA 检测结果到了。"

我点点头。经过女孩的同意，我们把她的皮肤组织送到了大型医疗机构去化验以便证实她的身份，信息抵达这个小山村的时间实在有点长，不过只要送到便好。

我接过单子，右上角的女孩照片温婉内向，蓄着微笑注视着我，和那个躺在床上的女孩一模一样，实在无法想象她会是做出这种事的人。我拿着单子向她晃晃，"看，就要知道你到底是谁啦。"

女孩似乎也有所期待，双眼直勾勾地盯着化验单。

"是小满。"女孩一动不动，"我是小满。"

"什么？"还没来得及看，我扭头问道。

"那一栏写的名字。"她伸出手指指着"姓名"一栏，"赵小满。"

七

你被永远困在这里了呢，惊蛰。

女孩在玻璃上呵出一口气，往那个曾经驶过火车的地方，画了一个小小的圈。

谁让你，从一开始就做错了选择呢。

李健皞

格致中学

当多吉刚刚来到这个世界上的时候，他的世界是纯白一片的。然而这纯白很快散去，渐渐幻化成五张人脸，后来当他长大了一些才知道，那张布满皱纹，嘴边含着水烟袋的老人的脸是他的祖父；年纪不算很大，却已显得饱经风霜的壮实的脸是他的父亲；两腮通红，满怀着慈爱和高兴地将他抱在怀里的是他的母亲；而那两张似乎和他有几分相似的，正好奇地冲着他看的孩子的脸，是他的哥哥姐姐。多吉就这样降生在一个极其普通的，偏远的藏民家庭中了。

多吉全家都是虔诚的佛教徒。祖父年事已高，然而仍然隔三差五地由父亲或母亲陪伴着到几十里以外的一个小庙去给为佛祖点燃的灯上油，顺便带去一些自家做的酥油和地里的东西。当大人们都不在的时候，多吉就和哥哥姐姐还有村里其他的孩子们到处疯跑——让平原上的城里人们望而却步的低含氧量完全不能阻挡这些生在高原上的孩子们的脚步。跑累了，孩子们便围坐在一块，听多吉的哥哥，也是孩子们中唯一一个曾经到过像样的城市——孩子们这样理解几十里外的那个叫做镇都有些勉强的小城镇——讲他唯一的那次进城的经历。其实，他们已经听过许多遍那叫做摩托车的，怎么捣鼓一下就能自己跑起来的东西，还有路边用完全不像石头，木头和土砖垒起来的高房子，可就算是这样，孩子们每次都能问出新的问题来，而多吉的哥哥也每每流利地答出，哪怕他自己都不是十分清楚。

日子一天天过去，孩子们也一天天长大。多吉也终于不再是村里疯跑的孩子之一，而是开始帮着家里干活了。说句实话，多吉的父母亲和祖父在村里的父母中算是很好的，几乎没有怎么打骂过三个孩子，当夜幕降临，不知又从哪家哪户中传来孩子的哭叫和大人愤怒的声音时，几乎没有人会想到那是多吉家。然而，当多吉对父亲说"我要上学"的时候，祖父却第一次对他动了肝火。多吉直到几十年后，也有时会从他宽阔的大床上从梦魇中惊醒，梦中的祖父一巴掌扇在他脸上："你就是这山里的人，一辈子也出不去！看看你阿爸阿妈，每天起早贪黑地干活，为的就是让你们都吃饱，才多大的人已经老成这样！你，你还要上学！？"一直沉默的父亲却开了腔："阿爸，让他去吧。孩子们总要离开的，不能一辈子被困在这山里，像我们一样。"祖父叹了口气，摇摇头没有再说什么。但多吉大概知道祖父在想什么，他大概在想着多吉的哥哥，那个在寺庙里做喇嘛的，全家的荣耀。哥哥临走前那天晚上是村里的节日，人们都拥到家里来，向祖父和父母亲道喜，而多吉也沾了他哥哥的光，生平第一次吃上了肉。

于是多吉上学了。学校就在那个哥哥曾去过的小镇上，离家里大概几十里路，每天天不亮就要出门。然而多吉并不排斥，因为他终于有机会离开那个小村落，离开他的那个小石屋。在学校里，多吉学会了算术，识了很多字，也结交了很多新的朋友。多吉发现他们有一个共同点：都是说要上学，就被打了一顿，然而最后还是带着屁股上或是脸上的乌青来了。当然，农村的孩子们没有放学回家把书包一放就开始做作业的奢侈生活。至少在天黑以前，多吉是一直要帮着姐姐生火做饭，还有很多其他的杂事要做。可多吉从来没有因此晚交过一次作业。相反，虽然他家可以说离学校最远，可他的成绩却绝不算差。尤其是到了三年级以后，因为班上最厉害的几个女同学不知为什么再也没有来过学校，多吉也趁着这股春风登上了班级第一的宝座。多吉每每拿着极其体面的成绩单回家，一直皱着眉头的祖父也终于松弛了表情，对多吉重新亲切了起来。

可这样的生活只持续到多吉小学五年级。那年冬天，多吉的哥哥正好从寺庙里回来看看。祖父极高兴，和父亲喝起了酒。乘着酒兴，祖父宣告了一个宏伟的计划：全家一起去拉萨朝圣。原因是现在三个孩子都很不错，大哥在寺庙里当差自不用说，大女儿忙起家务来也是极其利索；而小儿子在学校里的表现也是极好，又很帮着家里干活——这自然是佛祖开恩，保佑了他们家，自然要去一趟大昭寺当面向佛祖道谢。听到这个消息，父亲和母亲面面相觑，继而开始不停地劝着祖父。然而祖父却完全听不进去。两人拗不过顽固的老头儿，只得妥协。多吉虽然知道什么是朝圣，但又并不是十分知道——村里去朝圣的人很多，但总有几个没有回来。也许是觉得佛祖身边好就住下了吧，多吉的哥哥这样解释。

于是一家人就这样出发了。尽管老人家执意要一步一叩头以示对佛祖的感激，经过父亲的再三劝说还是改成了三步一叩。多吉因为年纪小，并没有这样做。但看着年事已高的祖父吃力地从地上爬起来，没走三步又吃力地趴下，总觉得有种莫名的恐惧——平日里处变不惊的祖父，此时竟像着了魔一样，让他由衷地感到不舒服——多吉在学校里曾经问过老师：世界上有佛祖吗？老师是个很年轻的女老师，课上得很好，但此时却仿佛被什么哽住了喉咙，就像多吉在作业本上看到了一道极简单的题目，正要下笔却被告知有"陷阱"时一样。也许是因为对那个答案不满意，多吉不太记得老师说了什么了。不管怎样，多吉都是高兴的，因为终于又可以从那小石头房子里离开，到一个从未去过的地方。

使多吉真正开始怀疑佛祖是在未完的朝圣以后。在去拉萨的途中，多吉的祖父终于因为年老体衰，在半路突然发了急病。当时周围全是荒山野岭，连狼都没有。一家人唯一能做的就是围在祖父身边，拼命地祈祷。尽管有着大哥这个离佛祖极近的人在，祖父还是咽了气。没了主心骨的旅程无法再继续，况且也要让祖父入土为安才行。幸而一行人并未走出多远，很快又回到了村里。村人们都没有说什么，只是默默地帮着张罗。多吉的哥哥对他和姐姐说，佛祖也要帮手，要有人替他出出主意，便叫了祖父去，这是件光荣的事。可多吉并没有从父亲的脸上看出任何骄傲的神采。佛祖似乎也要人干农活，就在祖父走后没过多久，浑身力气仿佛永远用不完的父亲也得了急病，很快也撒手人寰。家里的顶梁柱没了，多吉自然不可能接着上学。不能上学自然叫人可惜，可原来绝对没有多吉厉害的那个矮个子这下成了第一，这使得多吉平添了一份愤懑。

这年多吉十五岁。五年来，多吉几乎再也没有出过山，有时也突然对这种像被困在山里的生活感到愤怒，而那愤怒也很快被无尽的杂事吞没。姐姐一直没有出嫁，家里的事情太多了，她回绝了所有的亲事。母亲虽然不满，却很感激佛祖给了自己这样一个能干的女儿。然而佛祖很是关注他们家。也许是对接连带走了祖父和父亲感到愧疚吧，这天，一群山外面的人来了。

他们背着很大的包，对发现了这样一个与世隔绝的小村落感到兴奋，用拿在手里的不知什么东西到处看，一副发现了宝贝的样子。多吉正和姐姐从村外把柴搬回家，和他们正碰了个照面。当多吉表现出能够非常好地理解他们说的话的时候，他们更高兴了，一直围着他们俩问这问那。多吉注意到，在这圈人的外围，有一个在脸上带着什么东西的男人，一直盯着姐姐看。

那伙人在村子里待了好些日子。期间，多吉注意到那个男人一直在找机会跟姐姐聊天，还帮着他干活。母亲有些困惑，但看到男人很卖力地扛着两捆柴时，便也默许了。

可是接下来的事情发展却完全出乎人们的意料。那些人是在一个下午走的，男人借口说想多留几天，便留了下来。然而三天后，多吉的姐姐和那个男人一起消失了。他仍记得姐姐消失的那天母亲瘫坐在地上，仿佛被什么东西关在了牢笼里，不哭也不闹，就那样瘫坐着。

又是几年过去，多吉已经是个二十岁的青年了。按照母亲的说法，他很有当年父亲的样子，干活很是麻利。但是多吉对这个评价并不很喜欢，尤其是当姐姐离开后，祖父和父亲说过的话总在他耳边："你就是这山里的人，一辈子也出不去！""孩子总要离开的，不能一辈子被困在山里。"这些想法越来越鲜明，几乎要将他的耳朵吵聋。然而祖父的声音终于渐渐地小了下去，终于只剩下父亲的声音了。

多吉也离开了。

那是一个极黑的晚上，多吉拿上父亲留下的一把小藏刀，就这样离开了孤立无援的母亲。多吉回头看着夜色中的石头屋子，那屋子仿佛突然成了巨大的野兽，随时要向他扑来，重新将他吞下。多吉吓得落荒而逃，再也没有回头。

多吉照样回到那个小镇，镇上的一个铁匠收留了他。多吉识很多字，算账也极快，是个不可多得的帮手。多吉跟着铁匠学了很多东西。然而他经常梦见那个小石屋，祖父驱使着它将他吞下。

几十年过去了，多吉现在是个极其成功的商人了。和其他上流的朋友们不同，多吉很热衷于公益事业，简单来算，每两块钱进入多吉的口袋，就有一块钱进到哪个曾经和他一样的孩子手中。

西藏有了很大的地震。震中靠近他的小石屋。

多吉几乎是立刻赶了回去。可村庄已经不在了。曾经收容他的牢狱终于倒塌，只剩下折断的铁栏。多吉看到一个老妇人瘫坐在一堆废墟前，那很像他的母亲，那个被佛祖，被自己的孩子们抛弃的母亲。多吉走过去问："老施主，这是您家？"老妇人转过来，那是一张完全失去了过去的脸。老妇人用浑浊的眼睛打量了他一会儿，瞳孔突然放大了一瞬间，却又马上暗淡下去了。"佛祖保佑，孩子们都不在家，阿爸和阿公也去了……""啊呀，这样啊，那真是万幸啊……"多吉没有久留，只是嘱咐秘书不管说什么也要把这地方重建好。秘书很疑惑，她不知道平日稳重的老板为什么突然这样。没人知道多吉的过去，连她也不是很清楚。

然而板块撞击的力量也没用，小石屋一次又一次地出现，连多吉的母亲也出现了——虽然看不见，可多吉知道那像背景音乐一样的哭声无疑是他的母亲。

多吉老了。有一天，他在开会的时候突然眼前一黑，随后很快被送进了医院。经过诊断，多吉的病例很罕见，并且是家族遗传的，目前没有治好的可能。可多吉反而松了一口气，因为在他知道了自己的病以后，小石屋没有再出现。

多吉病危。他看到自己身边的医生们很急地在说什么，他也听不见。过不久，他的视线也模糊起来。依稀之中，他又回到了那个小石屋的门口。他推开门，闻到一股酥油的味道，那是充斥在他童年记忆中的味道。屋里是他的家人：祖父坐在床上抽他的水烟，一边和父亲唠嗑；姐姐正哄着一个他不知道的孩子入睡；哥哥看到他，很高兴地招呼着；母亲也看到他了。全家都看到他了。

他们都对他微笑着。

多吉的世界又变成了一片纯白。

王璐瑜

闵行中学

　　这是一条蜿蜒曲折，通向山顶的路，这座山，环绕在迷雾之中，也不知道有多久了，一百年？一千年？还是一万年？不得而知。山下世世代代住着沙德村的村民，因为这个村子条件恶劣，常年尘土飞扬，所以这里的村民都被叫做沙民。

　　我是一棵修炼成精的树，沙民们都叫我神树，他们每年五月二日都会来朝拜我，在我繁密的树枝上系一根红丝带，跪满整整一个太阳和月亮的轮换，他们才会心满意足地回去。但其实，只有我自己知道，我只是一棵妖树，我并没有能力去满足他们任何的愿望，我也懒得跟他们说，反正这样被众星捧月般供奉着的感觉挺好。

　　日子就这样过去，我处在山的巅峰，看了几百年的日升日落，听了几百年的风声雨声，也接受了几百年的朝拜。我最喜欢在五月一日的夜晚，看着村民们匍匐着向我走来，他们连成了一串串的黑影，穿梭在连绵起伏的大山的暗影之中，在我的眼中，他们的身影永远不会被黑夜所吞没，就像那种高高在上的感觉，永远不会被我的心所消淡。

很快，我就遇上了很不寻常的一年。那一年，气候前所未有的炎热，我身边的同伴都无法忍受干涸而陆续死去，漫天的风沙遮住了所有的视线。出乎我的意料，来祭拜我的沙民寥寥无几，他们都在跪拜的正午死去，他们的皮肤跟我的树皮一样的皱褶。那一天，只有一个妇女和她怀中的襁褓存活了下来，我隐约听到那妇女说："神树，请让我的女儿活下去，请让她免受干旱之苦。"我决定帮助她们，虽然我没有神力，但是我挤出了身上的汁液，那妇人接走汁液，带着小女孩感恩地走了。

十年后。

我的树枝上再也没有飘起过红色的丝带，除了每天面面相对的太阳，我再也没有见过其他亮丽的色彩。我再也没有接受过朝拜，同时我惊讶地认识到，沙民的朝拜竟已成为了我生命的一部分，我再也无法忍受没有被膜拜的日子，我有种强烈的感觉我会被遗忘。我的生命无法终止，我日日被困在这大山之中，四季变幻，月亮阴晴圆缺，雾霭一阵一阵地飘来又淡去，我的灵魂也似这虚无的空气缥缈得无影无踪。

当第二天的雾气依旧氤氲而起，当太阳再次避开了山巅，我决定要走。

走去哪？怎么走？

不管了，为了摆脱这样漫无尽头的日子，为了弄清楚为什么沙民停止了对我的朝拜。我花了三天三夜的时间将自己所有的精元都聚集在了一颗种子上，借着一阵突如其来的强风，离开了山巅。我被风一路带着，转了无数的弯，经过无数片干涸的戈壁，来到了沙德村。

眼前的景象实在是让我惊讶，所有的屋子都是用简单的水泥搭建的单层屋，没有人烟没有灯火，这样的村子，简直让我误以为，一百年前，成百上千的沙民来祭拜我的场景是我的幻觉，这样理想与现实的差距，实在是太可怕了。比我左胳膊上被毒蛇咬过的无数道伤疤还要可怕，比我所安逸的那几百年都可怕无数倍。

晃晃悠悠地逛着，内心还是无法平静。在尘土夹杂中，我看见了一个女孩子。她从头到脚都紧紧裹着纱布，我只能看到她的眼睛，在浑浊的世界中显得如此清亮，或者说，是一种倔强。四野茫茫，在偌大的天地之间，就她一个人，木讷地、僵硬地站着。眼睛看着远方，等待着什么。我的血液忽然倒涌，一种强烈的感觉充斥着我全身。

时间一分一秒过去，在远处的戈壁滩上，隐约出现了一个男人，他西装革履，双手各提了一只漂亮的袋子。女孩突然活蹦乱跳起来，朝他幸福地奔去。

因为一种内心强烈的指引，我安顿在了女孩家的庭院中。后来我才知道，女孩每个月的这个时候都会早早起床洗漱，从早晨 6 点钟起就会等在那个路口，那个男人会准时在 10 点出现，当然，手中会提着漂亮的、和这里的一切显得那么格格不入的袋子。

　　为了不让女孩和她的妈妈（喔，我忘了说，女孩和她的妈妈住在一起）起疑心，我用了五年的时间才渐渐长成一棵大树。村里的人都惊喜不已，因为干旱，沙德村中所有的树都已经枯死，出现我这样一棵茂盛的大树，他们当然是感恩上天再次赐给了他们除了黄色以外的另一种象征生命的色彩——绿。也不知道是谁起的头，沙民再次来朝拜我，而且是日日来，我感到了前所未有的满足，当然，我仍然不会给他们带去任何的福泽。我无比感激自己五年前的那次出行，当然，这次我是不会再走了，接受朝拜，接受爱戴，接受万众瞩目。

　　女孩也随着时间渐渐长大，出落成了一个漂亮的姑娘。但是她却有一个粗鲁的母亲，她总是用带着敌意的眼光看着别人，如果有人要来朝拜我，她每次都交叉着双手搭在胸前，身子斜斜地靠在门槛上，瞪着他们，直到离开。如果是遇到中年男子，她则会在口袋中准备好小石子，朝他们的身上扔，直到把他们击退。她总是跟小女孩说："娜娜，你要记住，这里的女人从一生下来就是要受苦的，就是要替那些该死的男人受苦的，这是我们的命运。你要记住，所以永远都不要给他们好脸色看。"她甚至还教女孩说脏话，女孩却从来不说。

那天晚上，女孩一个人默默来到我身边，她流着泪，对我倾诉："神树啊，他们都叫你神树，那么请帮助我好吗，让我去读书，让我和别人一样去读书，让我去城里找爸爸，求求你，让爸爸来带走我吧。"我感到一阵翻江倒海的难受，好奇怪，为什么这个女孩难过会带起我的悲伤？可我没有神力，我只能落下十片叶子来安慰她。

果不其然，在女孩跟她的妈妈提出要读书的要求之后，她妈妈大发雷霆，开口大骂："你以为你是谁？嗯？你不过是一个私生女！私生女是什么你知道吗？你要是去了学校，他们会看不起你，会嘲笑你，甚至会用石头砸你！你就那么喜欢被砸吗？你以为他是你爸爸？他在城里有很大的房子，他还有一个老婆和十几个儿女，而你，什么都不是。"那晚女孩躺在我的树枝下，哭得非常伤心，她不敢再跟妈妈提出要上学，然而她不死心，她要出去，她要离开这里。

第二天，为了安慰女孩，我聚集大量精元，长出了许多果子，我用第一颗果子敲醒了熟睡中的女孩，她两眼汪汪，脸上还挂着泪痕。当她抬头看到满树的果子，兴奋地尖叫了起来。这时她妈妈又骂骂咧咧地从屋子里走出来，边打着哈欠边骂道："你这个疯丫头……"突然，骂声停止了，瞳孔放大，接着是马不停蹄地摘果子。村民也闻声赶来了，他们疯狂地摘着，嘴上边念叨着："神树显灵神树显灵，老天有眼啊，我们沙德村有救了啊！"一直到最后一缕阳光消失在天的尽头，他们才停止了摘果，也才突然想起简陋的家中还有几个嗷嗷待哺的孩子等着这些果子救命，便箭似的离开了。顿时屋中安静下来，人群散去后，我看到小女孩呆呆地站在不远处。她在喃喃着："为什么大家会这样，难道人只要活着，就真的够了吗，这仅仅只是一些果子，爸爸带给我的袋子里有好多好吃的东西，为什么不去城里，大家为什么还要待在这里？"看着她再次掉落的眼泪，我也陷入了无尽的沉默——我为什么在这里，难道这样被沙民朝拜的日子，就真的够了吗？那一夜，仿佛我和女孩第一次打通了心。

接下来的日子，我可以感受到女孩的快乐和悲伤，可以感受到她见到爸爸时的明朗和听到妈妈描述的那个恶毒的世界的迷惘，这些，我都感同身受。女孩每晚都来和我说话直到深夜，而我也不时会落下几片叶子来应和或是安慰她。

三年后。

女孩又一次等在了路口，今天，她打扮得特别漂亮，还偷偷地拿妈妈的口红涂了自己干裂的唇。因为今天，恰好是她的生日，她的十八岁生日。

在我的树荫下，爸爸从袋子里抽出了一条红色羊绒围巾，他说："娜娜，今天是你的生日，无论你有什么愿望，爸爸都答应你。"娜娜抬头无比坚定地说:"爸爸,我要跟你去城里,我要跟你生活在一起。"爸爸愣住。

从小到大这么多年,从娜娜的母亲作为一个侍女和他发生关系以来,他在妻子的压力下将娜娜和她母亲安置到这个人间地狱——沙德村。娜娜的母亲从来没有反抗过,只是像一件被玩剩的物品任人安置,娜娜也从来没有一次在爸爸离开之时哭闹着要一起去城里。沙民也如此,面对灾难,面对死亡,他们从来都是木讷地接受,没有想过逃离,更是没有想过改变,只是一心将希望寄托到我的身上——神树的身上,渴望着上天能够给他们雨露恩泽,给他们安逸的生活,他们不知道外面的世界是怎样的,千百年来,世世代代,过着同样的生活,日出而作,日落而息,男尊女卑,恪守不合时宜的老祖宗遗留下来的规矩。

这一刻,爸爸手足无措了,他不知道怎么回答娜娜,也从来没有想过,他以为每月一次的到访是对她最好的礼物,也是一种恩赐,而在城市里生活的他其实早就想过这样、这样的做法是远远不够的,只是娜娜和她的母亲没有提,他也就活在彼此心照不宣的幻象、在别人眼里看来是多么离谱的世界里。

最后。

几天后,爸爸遵守诺言,真的带走了娜娜,但是不是跟他自己生活在一起，而是将娜娜嫁到六百公里以外的另一个贫穷小镇，就如她妈妈说的那样，接受命运的苦难。

一阵强风吹过，我的树叶被吹得掀动起来，这让我突然想起八年前，那阵将我带到这里的强风。我才恍然记起，那里的风，那里雨，那里的雾霭，那里的年年岁岁。

我困在那里的几百年，我困在这里的几年，我为了追求人类膜拜而被困了如此之长的时间……我错得太深了，八年前，我以为我逃出来了，我以为我离开生命的虚度了，却没有想到，其实我从来没有离开过，我一直被困在心里，那颗饱胀的，不属于自然的心里。

我又听到风唱起了歌，我又想到修行时那几百年淡淡岁月，我想我的山巅了，想那里的雾霭了……

心又是一阵绞痛，是娜娜在哭吗？十八年前的那场干旱，我用树汁救起的那个襁褓婴儿，对不起，我始终没能给你带来幸福。你被困在这里，又将被困到另一个陌生之地，我们都被困住了，我们也一直没有停止在寻找挣脱。

再见了，沙德村。今后再也没有神树，没有传统的信念，你们被困在这里，都是因为我的虚荣和不甘寂寞的心，我走之后，你们的信念也会破灭，你们会走的，会找到真正的信仰和生活。

钱小琳

七宝中学

一

亲爱的莉莉安娜：

　　我已经数不清楚这是离开你的第几天了，我十分地想念你，你过得还好吗？看到你上次的来信，我很为你开心，能获得进入帝都表演的机会是十分难得的，不过我相信你一定会让那些贵族将相拜倒在你的魅力之下的，不用担心。

　　关于你来信上的问题，我会——解决的。可可镇最近的天气不大好，老是下雨，你母亲的风湿病怕是又要犯了。不过你千万不要担心，还有我可以照顾着你的父母，无论如何也不会委屈到叔叔阿姨的。

　　最近没有什么大事发生，所以我也没有什么可以说的了。还是希望你可以快点游历完回来，我已经迫不及待地想要看见你那独一无二的碧绿的眼眸了（它们在你卷曲的黑发衬托下更加熠熠生辉）。

　　对了，听说最近帝都并不是很太平，注意安全，小心行事为好。

爱你的

维柯尔

维柯尔吐出一口长气，把羽毛笔插进墨水瓶里，然后小心地在信封上写上收件人，牢牢地封住封口，接着又开始想莉莉。莉莉和他都是可可镇上的孩子，热情，天真。可是莉莉从小就与众不同，她热爱历练和冒险，做什么都比自己优秀——维柯尔一边笑一边摇着头。

　　莉莉是一个漂亮的姑娘，所以她应当到处走走，让世界都知道什么是风华绝代，她就应当用那双祖母绿的眼睛和舞动的裙摆告诉全世界什么是倾国倾城。维柯尔一边走向信差一边胡乱地想着。就怕遇到什么危险。

　　信差是一个高大粗壮的男人，眉心上还有一道狰狞的伤口，看上去格外吓人，所以相对来说他手中的信件也总是能比别人的快一些到达收件人手中（找麻烦的人少嘛）。信差玛索有些不太耐烦地在他的马边踢石头，这副凶神恶煞的样子吓退了不少路人，在热闹的街上，这空旷的小角落就显得格外的冷清。不过维柯尔当然不会被他吓到——

　　"玛索~"维柯尔从阁楼上一路跑下来一路喊着玛索的

名字。

玛索闻言抬头。

"来，写好了，给！快马加鞭地送过去！"

"又是莉莉啊，不过你怎么总是这么慢，又让我好等。"

"你懂什么！我这是在整理措辞，好啦，快走吧，这次回来请你吃顿好的！"

"真的？那……不许反悔！"

看着一个彪形大汉毫无违和感地做出亮闪闪满脸期待的表情，维柯尔就脑仁疼。只好使劲把他推上马。

"真的真的！好了你快走吧！"

"你要记……得——哦——"玛索的声音越拖越长，越走越远，渐渐的听不见了。

二

亲爱的维柯尔：

托你的福，在帝都的演出很成功，剧团的主演相信很快就会变成我的位置了。我从来没有见过这么豪华的城市，走在普通的街上就连民居的屋檐也会闪闪发光一样！演出的剧院更是漂亮，让我想起了家乡的教堂。我真希望你也能在这里，好好看看这美丽的城市！

这里简直就是天堂！各色的珠宝和绸缎在阳光下簇拥着叠在一起，让人心动。走在街上的都是打扮得华丽的富人和贵族，不过我相信我虽然没有昂贵的珠宝也一定是街上最光彩照人的那一个，在这里的一切都让我很高兴。

　　只有一件事总是让我糟心，还记得以前我在信中提到的那个芙莉缇吗？就是我们剧团的红发女主演，她总是那么不可一世地使唤着剧团里的每一个人，好像天经地义一样，一看到格纳先生又立马变得温婉贤淑起来，比水还要柔软地说话，就连呼吸声也变得软绵绵的了，真是让人受不了！她甚至有一次威胁我说要把我的头发全都像割稻草一样割下来，可怜我的长发。

　　另外，我从几个贵族那里听说边境那边已经陷入激战了，帝都也显得有些人心惶惶了，帝都这里没有证明是不可以购买武器的，可是手边空空的总觉得不安全。如果可以的话请在镇上让铁匠帮我铸一把防身用的匕首，好让我安心。

　　不过不用担心，我现在很安全，很安全。

　　附：国王邀请我们剧团出两名姑娘参加他的舞会，很高兴我被选上了，不过这就说明我要开始准备我的礼服了，可怜了我的钱包。宫殿里一定很漂亮，真想和你再玩一次游戏，当然，还有玛索一起——他眉间的刀疤还是那么吓人。

你的

莉莉安娜

莉莉绿色的眼睛暗淡了一下，不过马上又恢复了正常，她装做没有发现一样慢慢悠悠地把牛皮信纸塞到信封里，轻轻地哼着歌，在封口处涂上大量的胶水，把信封粘得牢牢的。

她一边转身一边小小地迈着舞步，一副很开心的样子。

"凯莉~"

"什么事小姐?"隔了没多久，大概是从一个房间到另一个房间的距离。平平无奇的小女佣推门进来。

"这封信，寄出去。麻烦你了凯莉。"

"没事的小姐。"凯莉接过信，轻轻关上门，脚步声渐行渐远。

莉莉的长发遮住了眼睛——你进来的时候我可没有听到脚步声啊。

亲爱的莉莉安娜:

听到你的消息我可真高兴，不愧是莉莉，什么事情都可以做得最好，已经事业有成了！我也不能再这样无所事事地待在镇上什么都不干了，我决定找个时间出门长长见识，看一看像帝都一样繁华的城市，行程已经决定好了，下一次的回信请寄到马龙镇洛神路黄忻彦号。

你信中所要的匕首这次一起寄给你了，铁匠很想你，一听到你需要匕首就一个劲地笑着说明白，他特意在柄上多镶了几颗宝石，希望你会喜欢。

说到游戏，我也是十分怀念的，每次都是我们两人配合得最好，还记得吗？

爱你的

维柯尔

维柯尔缓缓地把笔放下，拿起上次收到的信。

莉莉不对劲。

之前的信件都很正常，但最近莉莉变得越来越不像她了。

四

玛索，维柯尔，莉莉是小时候的玩伴，一群穷孩子没有什么像样的玩具就跟着一大群孩子一起玩游戏。一个孩子躲起来，一群孩子去找，最先找到的两个人享受其他人的买糖服务。这意味着不仅自己要找到，还要让别人找不到。孩子们没有那么多心机，自然就玩不过浑身上下都是心眼的二人组。

"哈哈，你被困在草丛里，草丛里！"莉莉喊。

大家就给她一个兴奋的眼神向草丛里冲。

然后他们就交换一个眼神，向反方向跑去，然后撞到了玛索，玛索倒在地上，眉间狠狠地磕在一块石头上。

这些都是童年的记忆了。

五

莉莉本是一个淡泊名利的人。

"剧团的主演很快就会变成我的位置了。"

莉莉对自己的容貌从来不重视。

"我相信自己就算没有贵重的首饰也会是最光彩照人的那一个。"

玛索的伤从来就不是刀伤。

"他眉间的刀伤还是那么恐怖。"

说两次代表否定。

"我很安全,很安全。"

"真想和你再玩一次游戏。"

信封口的胶水格外厚,封口皱皱巴巴的,就像是被人打开后再次粘好的。如果不是回头再观察,根本不会注意到这个细节。

三个地标。

"居民的屋檐也会闪闪发光。"

"剧院让我想起了家乡的教堂。"

"各色珠宝和绸缎在阳光下簇拥着叠在一起。"

两个人。

芙莉缇,格尔先生。

他要救她出来——"你被困在这里。"

亲爱的维柯尔:

你找到你要找的地方了吗？出门游历可是一件苦差事。谢谢你的匕首，我很喜欢。柄上的珠宝真好看。

国王的舞会也渐渐近了，我的礼服也在我的苦恼之中决定了下来。你一定会喜欢的颜色，虽然大家都觉得这身衣服有些太简单了，颜色也毫不出色，不过我在第一眼就被它吸引了。

你游历的时候要是来帝都看看的话，一定要去莎莎的酒庄看看，那里的葡萄酒简直就是世间一绝，保证是你在可可镇绝对喝不到的味道。顺便告诉你一个秘密，地下酒窖里的酒更好喝，不过可不要被老板娘抓住哦。

现在的烦心事渐渐少了，也许是因为舞会渐渐近了吧，讨厌的芙莉缇也不怎么找我麻烦了，基本就和格尔先生在一起，这让我舒服了许多。

爱你的
莉莉安娜

莉莉把空心的刀柄从宝石处重新装了上去，空心刀柄中的牛皮纸早已被她取出。

"铁匠一个劲地笑着说明白了。"

“我决定出门游历。”

“每次都是我们两人配合得最好。”

莉莉的眉头了然地松了一下。还是把信件交给凯莉，装出一副什么都不知道的一样。

成败在此一举。

七

亲爱的莉莉安娜：

收到你的来信我很欣慰，真希望国王的舞会可以早一点到，让你大放异彩。只是最近事务繁忙，没有什么时间给你写长篇幅的信了。游历的东西还有需要准备的。

唯一要说的就是我已经和莎莎的老板娘约好了时间，迫不及待地喝一杯了。真是个好时间，想起来小时候我们这个时间还在一起吃饭呢，说来真是长大了。

你的

维柯尔

“来到帝都的很多事情都来不及细说了。但我遇到了大麻烦。格尔先生不是什么好东西，国王的舞会也就是一个谎言。一个月之前我听见了格尔和芙莉缇的谈话，他们要在23日那天把我卖给一个伯爵——我都不知道是谁，不过那恶心的嘴脸大概可以想象。芙莉缇就是负责监视我的人。我所有寄出的信件都有人阅览，收到的信件也是一样，相信你也发现了。我每天都有几个小时的外出时间，这里的地下室是盲角，所以我决定把这封信藏在这里。希望你能看得到。

"'舞会的时间'在 23 日晚上 7 点钟，我会在十分钟内路过可利尔大道。我会穿一件适合逃跑的黑色中长礼服，我大概有三分钟可以甩开身边的护卫，希望你可以找到我。

"我一直在回忆我们小时候的事情，我很想你。

"希望可以不是永别。"

维柯尔烧掉了压在莎莎地下室酒桶下方的纸条——可以的话，一起回可可镇吧。

八

"居民的屋檐都在闪闪发光"——金色可利尔大道。

"剧院让我想起了家乡的教堂"——市中心。

"珠宝和绸缎熠熠生辉"——商业大街。

九

看似平平无奇的晚上，帝都的市中心还是一样热闹，可利尔大道和商业大街的交界处。

一辆看似不起眼的马车。

7 点整。

维柯尔从掀起的窗帘里看到了从尽头走来的人。

一身黑色精致的礼服，黑色的披肩卷发让那双碧绿的眼睛更加熠熠生辉。她在和她身边的红发女人轻轻地说些什么。

他握着怀表的手紧了紧。

一瞬间脑袋里闪过了许多东西。

那时候的两个人都是孩子，绿色的眼睛盯着他说："啊，你被困在这里啊。"

从没想过会把一个游戏玩到大。

这次，成功率又是多少？

汗水从他脸上滑落。

李敏佳
市东中学

1

　　帕特拉城，是通往世界之城的唯一道路。人们躁动不安，暴动的人群聚集在城门口，蜿蜒绵长的队伍像一条丑陋的巨蛇盘踞在巨石嶙峋的山路上。

　　"纳斯，纳斯，快跟上！"一个穿着长靴，身着破皮小袄，身材瘦小的少年大声嚷嚷着。身后一个背着破旧不堪的棕红色登山包，腰别短刀的高个子少年，神情疲惫，有气无力地回应着"来了，来了"。

　　今天是月圆之夜的前一天，帕特拉城是通往世界之城的唯一道路，渴望自由的人们从世界各地赶到帕特拉城，为的就是想进入世界之城。因为那里对他们有无法抗拒的吸引力，世界之城，也许能改变他们的命运。世界之城，一个相当神秘的地方，是所有渴望自由的人趋之若鹜的地方。每年的月圆之夜，世界之门即将打开，传说只要顺利进入世界之城，将会获得自由和重生。

"弗兰克，既然我们已经逃出来了，为什么不去其他地方，我们可以凭借我们的双手创造新的生活，为什么还要去这个虚无缥缈的地方？"高个子少年纳斯有些无奈。

"你这个笨蛋，我们不需要付出任何努力，进入世界之城就可以获得自由和重生，为什么还要花力气去求自由。"

"我向上帝保证，那传言不可信！"纳斯抹了抹脸上的汗水，停下了脚步。

"就凭你那榆木脑袋？你忘记我们是怎样苦恼了，是怎样被困在那个小村子里受人欺凌了，还是你还惦记着你的小女朋友呢？我们花了那么多工夫逃出来要是被抓回去，十有八九是要被处死的。还有，这满山的人难道是摆设吗？别摆出懦夫的嘴脸给我看！"弗兰克满脸怒气，似要燃烧起来。

"够了！用你那香樟木的脑袋想一想，我们的几个伙伴去了可都没有回来，我绝不认为这是个好兆头，也许，重生也代表着死亡。"

"我绝不会信，你别废话了，我现在不想和你翻脸。"

纳斯沉默了。

一路无话，两个奴隶少年在漫长的等待中，终于进入了帕特拉城。命运的齿轮在潜移默化中运转了起来。

2

帕特拉城，没有想象中的雄伟和热闹。斑斑驳驳的城墙里，只有散落的几处断垣残壁，不知为何变成这样，但从建筑的毁坏程度可以猜测，这里以前可能是一个战场。所以，帕特拉城是个不折不扣的战争遗迹，历史遗迹。

弗兰克走得很急，把纳斯抛在了身后。纳斯走得极慢，观察从世界之城内走出来的人们，心中疑虑，为什么他们脸上亦和弗兰克一样露出兴奋的表情，这不该是离开天堂的表情啊。纳斯很想拦下一个人问一问，可那些人走得又急又快，纳斯刚想说话，他们就逃也似的离开了。似乎帕特拉城外就是光明。

看守世界之城城门的守卫，手里拿着武器，凶神恶煞的脸上露出不善的光芒。

"你们两个，停下，停下！"两个守卫一左一右地拿起武器拦住两个少年。

"为什么！"弗兰克气得跳了起来，一脸的不可置信。

"今天的人数满了，请出城。"

"绝对不可以，我们回去一定会死的，请一定要放我们过去！"

"城外有休息室，只要世界之城里有人出来，我们会放你们进去。"

"那万一没有人再出来呢，今天是唯一的一天。"纳斯的语气很平静，似乎知道了他们的命运。

"太阳出来之前，如果还没有人出来，那就只能等到明年了，帕特拉城是不允许待人的。"守卫状似遗憾。

3

纳斯硬生生将弗兰克拖到了休息室里，弗兰克用力挣开他的手，很不友善地躺倒在休息室的长椅上。纳斯无奈地摇了摇头，自己寻了一处没有月光照耀的长椅，静静躺下，环顾了四周。这里的气氛极其古怪，正对休息室大门的地方，坐着一个老头，花白的胡须在月光的照耀下涌现出圣洁的光芒，脸上只有几道不深的皱纹，身姿挺拔，精神矍铄，却一直闭着眼睛，似乎对这里的一切都毫不关心。纳斯身边也躺着一位少年，身形与纳斯相似，黑暗遮挡了他的容貌，好像是睡着了。

今夜的月光很迷人，却又很危险。这里的人全然不知他们的命运如何，希望皎洁的月光带给他们的是一场美梦，而不是噩梦。

陷入极度疲惫的几人仿佛都已沉睡。一抹黑影小心翼翼地走出休息室，动作迅捷，没有发出一丝声响。

那人渐渐靠近守卫，询问了一些情况。

"只出来了一个人，现在让休息室的人选出一个人进城，其余的人立即离开这里，如果不走，那我们只能动手了。"

那人得到消息后，没有马上回去，只是在休息室门口拿出了一把短刀藏在身后，迅速地向休息室中的一边冲了过去。只听见一声沉闷的呻吟，继而又归于平静。

月光愈发浓烈，照耀到那人的脸上，竟是弗兰克，他趁纳斯熟睡，竟偷走了他的短刀。现在他的脸色夹杂着痛苦，更多的，却是将要得到自由的喜悦。他手中的短刀在滴血，这鲜血带给他的到底是天堂，还是地狱？他似乎已经无暇思量这件事了。他迫不及待地冲向通往世界之城的大门，消失在无边的月色中。

"你被困在这里了。"一个带伤的少年，站在世界之城外向他喊着。这是弗兰克在世界之城中听到的第一句话，也许，会是他听到的最后一句话。

4

第二天，太阳的温度充斥在星月大陆的每一个角落。当然，除了世界之城。帕特拉城外，一辆古朴简陋的马车上坐着两个人。左边是一位老者，就是休息室中那位花白胡须的老头。他的右边，赫然坐着一位年轻人——纳斯。

"现在我会回答你的问题。"老者眼中很复杂。

"为什么让我离开？"纳斯终于还是问出了口。

"世界之城是古时战争余孽的陷阱。如你所见，帕特拉城是古时战争的遗迹，虽然战争停止了，当年邪恶势力的源头却未除。现在余孽为了报复，竟然布下弥天大谎，进去的人们等于被困在一个大牢里，除非你能在行刑期前打赢一千个人，获得出城的权利，否则就只有死亡了。"原来老者是刚被世界之城释放的可怜人。

"最后一个问题，你为什么不救我的同伴?"

"因为我已经看到他偷了你的短刀。"

第三轮

来，我给你讲个故事

王朝阳

徐心悦　　　　刘　悦

黑马

白马

芮　雪　　　　王　珏

强　薇　　　　倪羽裳

汤沉怡　　　　钱小琳

蔡芷芩　　　　周子辰

李健皞

芮 雪

位育中学

在人类不过数千年的历史中，聪明如他们，学会了以某种通用价值来把同类分成不同的阶级和地位，他们各有各的生活，享受着天差地别的人生。但是他们所做的又不止这些，"万物之灵"嘛，他们总是这么称呼自己，好像别的动物都是没有感情的木头似的。于是高傲如他们，也按照某种价值观把我们动物分成了几类。

不不不，不是你想的，例如按照基因组成或者外貌特征把我们分类什么的。事实上这一点动物自身也都是专家。猫知道它们自己和狗的区别，正如所有动物都应该有按照"有没有角"来分辨马和鹿的能力一样（虽然它们都长了极其相似的一张愚蠢痴傻的长脸）。人类自诩情感丰富，于是他们就开始用一些带有文化色彩，或者主观臆度的眼睛看待所有的动物。例如在他们的认知里，那些愚蠢不懂变通的狗都是忠诚的代表，那些走路一颠一颠活像得了帕金森一样的残疾鸽子，偏偏又是和平的象征。我反正对这些嗤之以鼻，大概是真的有了那么些酸葡萄心理。每当看到贵妇怀里撒娇吐舌头的狗我都感觉到一阵夹杂着羡慕的恶心。人类对它们实在太好了，简直就是贵宾级别的待遇……好吧，或许我要除去一些总是让女性人类尖叫发狂的，带着甲壳的小爬虫；还有那些毛茸茸的，拖着长长粉色尾巴，发出尖尖叫声，可爱又可口的小玩意。我敢说，除了猫之一族，其余的动物都是受到了贵宾待遇的。

对不起，忘记自我介绍就这么突然和你搭话。啊，正如你所看到的，我的确是一只猫。但我可不是普通的猫。

我从小就与众不同。

或许生在爹妈都是花猫，而兄弟姐妹也都是花猫的家庭里，我披着浑身黑色的毛皮的确突兀了些。唔，但我不会为此道歉，虽然我明白在中世纪的欧洲，全身漆黑的猫意味着多大的危险。刚睁眼那会儿，生我的那只母猫看到我橙色发红的瞳孔之后吓得背上的毛根根竖了起来，露出了尖利的牙齿，一脸惊慌失措的表情。它曾经一度想要把我这个怪胎踢出这个窝，不过当它发觉我在抓老鼠这件事上特别有天赋并且可以独自包揽全家的伙食之后，它也就自然摆出了宽慰的姿态，活像一位慈母。不过啊，我可从来没有满足于做猫中的佼佼者，我天生就能明白人类的语言，懂得他们细微的肢体动作意味着什么，我还知道我拥有的智慧和人类差不多，甚至还能比他们更聪明一点，青春期还没过的我自有更加远大的理想，比做一只成功的猫还要远大的理想。

是了，我想成为一个人，吃人类的食物，被当做人来看待，和人类交朋友。

我为自己制订的第一个任务就是吃人类的食物，并且远离猫聚集的区域。这一点不难办到。我不再守候着小水沟就为了一只老鼠。我开始接近村镇。我瞄上了一个有几千号人的小镇，并且在那里找到了栖身之所。我花了一个月的时间打量这个镇子，这里有面包店可以作为食物来源，还有裁缝屋可以获得过冬的布料，还有教堂，广场，森林，剧院，以及万户千家冒出的欢笑和祥和。

多好的地方，这里才是我的天堂。

虽然也曾有其他猫来过这里，比如偷半截香肠开荤啦，偷偷躲在帘幕后面看免费表演啦（虽然它们一个字都不懂却依然看得津津有味），不过去过还能完整回来的已经是少数中的少数了。它们中的大多数都落得被打死，或者被烧死的下场——倒不是因为它们的偷窃行径扰乱了哪位大人的生活，它们仅仅是在街上露面了而已，却足以构成被处死的罪孽。

中世纪的人们笃信宗教。他们总是把希望寄托在上帝的身上。而各地区的神父就是上帝的使者，他们的权力总是连地方官也能够覆盖，成为某一地区的精神信仰。他的每一句话都是平民的食粮，假若你有任何冒犯之言就会成为众人唾弃的对象。正是因为这种过分虔诚甚至已经有些失去理性的信仰，以神父为首，平民为辅，审判了真科学伪科学，真女巫假女巫，多少无辜的女人被毫无尊严地游街示众，多少无辜的女人遭受了各种刑罚背着莫须有的恶名死去。而猫之一族又作为恶魔的使者，女巫的帮凶，常常会被剥下皮毛，剜除双眼，赤裸裸地绑在广场中心的火刑架上被跃动的火舌炙烤成焦炭的模样。

真是辛苦啊。我常常仗着自己漆黑的皮毛，安然自得地叼着一块面包，学着贵族妇人的动作优雅地把它撕开，一块一块放进嘴里细细咀嚼。我像看戏一般眺望不远处的广场，哦，我们来看看今天又是谁被绑在了火刑架上？特雷西？那可真是一个不幸的消息，它从小就一直跟在我屁股后面说什么"亚瑟，我长大后一定要做你的新娘"，怪烦人的。它不断挣扎，发出凄厉的尖叫声。这真是不得体，我吞咽下面包上的葡萄干，哈，当年还有好多猫追求它，不过如果它们现在在场，一定会打消原来的念头吧。秃头的神父怀抱一本古旧的书籍，嘴里嘀嘀咕咕念着什么，他身后的信众也低下头像是在祈祷。喔喔喔，来了，两个刽子手，不知这两个壮汉用来对付一只手无缚鼠之力的母猫是不是有些太郑重其事。不过他们似乎全副武装，身上贴满祝福用的符咒来保护自己，他们深深相信特雷西随时会念出咒语要了他们的小命。关于这一点我曾经听那个秃头神父说过。那天我在"参观"人类的教堂，我蹲在房顶上透过玻璃窗看去。正是那个秃头神父，抱着他那本永远不离身的古书，站在高台上向听众讲着恶魔的故事。"女巫，恶毒，危险，她们是来自另一个世界的毒药。她们善于欺骗，善于诱惑，她们会在漆黑的子夜里骑上她们的扫把，在村镇上空兜兜转转，撒下厄运和不幸的种子。而猫，就是她们的帮凶。它们总是在深夜露出它们的本来面目，它们会展开翅膀，跟随女巫在夜里飞翔，它们先于女巫悄无声息地接近上帝的子民，为女巫报信，给你留下疫病和痛苦。"我听着他带着一副严肃的表情说着这些话，他的听众也露出了恐慌和无助的表情，还有的听众虔诚地在自己胸口划着十字。这一切都让我感到无与伦比的可笑。原来人类是如此有幽默感又有想象力的生物，我更加羡慕了。

那两个壮汉，他们伸出手，露出了手中躺卧的尖刀。特雷西叫得更加凄厉，挣扎中它看到了坐在屋顶上的我。它绿色的眼睛里流露出希望和欢欣。它对我说："亚瑟快来救我！我知道你一定会给这些人一点颜色看看！"我无动于衷地继续进食。它绝望了，下一秒它的双眼已经被剔除，啧啧，真是可惜了一双漂亮的眼睛。吃完后我用爪子洗脸，顺毛，冷眼看着特雷西柔滑的皮毛被剥下，扔进了火里。我听见人群爆发出了欢呼，甚至还有人含泪相拥。秃头神父把那本厚厚的书抱得更紧，他老泪纵横地在自己胸口不断地划着十字："感谢主！我们又消灭了一个恶魔的使徒！"

戏看完了，我离开房顶，去往别处了。

接下来我给自己的任务是，交一个朋友。我从没有过朋友，就算是从小和我玩在一起的那些猫，它们从来都入不了我的眼。我希望有一个人类成为我的朋友，而据我的观察，我离那天已经不远。

在镇子的西边，有一户人家。一对夫妻两个孩子，再普通不过的家庭，原本不应该引起我的注意。但是，就在那天我经过他们家二楼的窗户时，注意到了一个女孩。她与众不同。因为她的表情比我见过的任何人都要无助，迷茫。她试图走路，脚步却总是跌跌撞撞。我猜想她一定是有什么眼疾，我大胆地站在她面前的书桌上，她却毫无反应。没有厌恶，没有恐慌，多么让人着迷的一张脸！从那天起我就一直抽空去看她，看她无所事事面对窗外的方向，看她要哭未哭，寂寞无助的模样。

而终于有那么一天，她发觉了我的存在——都怪窗边那个该死的花盆，它被我踢倒了，碎裂在地上发出骨碌骨碌的呻吟。

"谁？是谁？"她问。

我无法回答，因为我无法拥有人类的声音，张口只有饱含深情的"喵喵"声，这真是我的耻辱。

于是我只能认命地主动靠过去，把自己的身体缩得格外娇小。我卷起我的尾巴使它看上去更加蓬松，我把尖利的指甲收起，把肉垫暴露在她面前。她的手摸过来的时候，我主动蹭了上去。她的脸上终于绽开了微笑，不断抚摸着我的脊背。嘴里说着："小松鼠，你一定是小松鼠吧。妈妈说，松鼠有大大的蓬松的尾巴，哇，好厉害！我居然摸到小松鼠了！"

我蹭蹭她的手心，舔了舔她的手指。她很快开始问我别的问题。

"小松鼠啊，我生来就看不见东西。可是我真的很好奇外面的世界。妈妈说天空是蓝色的，你看到的是蓝色的吗？"

我点点头，小姑娘的表情更加烂漫。

"那么草呢，妈妈说草是绿色的，而且会有漂亮的马在草原上奔跑，是这样吗？"

我再点头，她的声音里都带着兴奋的颤抖。

"小松鼠，我妈妈说，她是因为在怀我的时候看到了一只猫，我才看不见这个世界的，猫是恶魔的使者，是邪恶的象征。真的，是这样吗？"

我停止了动作，抬起橙红色的眼睛看着她。她脸上的晴朗又消散了，回到了最初的孤寂落寞。我正思索着要怎么回答她，听到了门外的脚步声。我匆匆挣脱了她，逃一般地落到了窗外。她伸手想挽留我，最终还是把手放下了。

"莫妮卡，你在和谁说话呢？"中年女人的声音传了过来。

"一只小松鼠进到我房间来啦。"她循声对着她的母亲微笑，"是我的第一个朋友哦。"

"真是太好了。"中年女人也笑了，然后带着疑虑和担忧的眼神看向地上碎裂的花盆。

在那之后我庆幸着我也交到了第一个朋友。我兴奋得在房顶上打滚。我每天都会带着一些礼物去见她，有时是一朵野花，有时是一块奇特的小石头。能够看到她洋溢幸福的笑脸真是太棒了，就像吃到了极其美味的，刚出炉的霜糖面包一样。不过这样的好景并没能持续多久。我的存在被莫妮卡的母亲发觉了。那时我正在把一截带着绿叶的树枝放在她手中，她还高兴得脸红呢。她的母亲也脸红了，不过是慌乱和气愤导致，她看到我这一身漆黑的皮毛，还有接近血红色的眼睛，大声尖叫着："离开我的女儿！你这该死的邪恶的妖物！最近流行的瘟疫也是你带来的吧！"她抄起墙脚的扫把往我身上打来，莫妮卡也哭着说："妈妈你在做什么！我的朋友哪里让你不开心了吗？什么瘟疫！为什么我不知道！妈妈！"还好我闪躲及时，只不过是在从二楼下落的时候擦伤了身体。我听见中年女人撕心裂肺的哭声。

很快，秃头神父到了这里。他带着严肃的表情听着莫妮卡的母亲讲述她女儿的经历。莫妮卡俯头抽噎着为"她的松鼠朋友"辩解，说："它不可能是什么恶魔的使者，它是可爱的，它是善良的，它有情感，我知道！就在我抚摸它的时候我可以感觉得到它也喜欢我！"。诚然句句皆是实话，可是秃头神父的眉头越皱越紧。

"我的孩子，很不幸。"秃头神父从座椅上站起来，对着莫妮卡的父母说，"莫妮卡已经被恶魔蛊惑了，她现在所说的一切不过是胡言乱语。她的灵魂已经被那只邪恶的黑猫卖给了撒旦。从她的言行想必你们也感受到了，和恶魔的使者缔结了所谓友谊，简直是一派胡言！"

莫妮卡的父母身体颤抖着，我从他们的眼睛里看出了悲伤、愤恨、惶恐，还有别的东西。

而莫妮卡只是一个劲地摇头，推搡着秃头神父："我不允许你这样侮辱我的朋友！"神父紧张兮兮地避开，"孩子，你需要被净化……你的灵魂已经被邪恶侵占，你已经不是原来的莫妮卡，你是女巫，你将毒害这整个镇子……上帝啊救救这个可怜的孩子吧！"他随即转身对教众说："快，准备火刑架，明天开始对女巫的审判！"

第二天，我拖着受伤的身体来到了广场附近，蹲在我经常看他们处决女巫的房顶上。广场那里已经聚集了很多人，围在一起伸长了脖子，唾骂着可怜的莫妮卡。秃头神父站在高处说着什么，我一个字也不想听。可怜的莫妮卡拒不承认自己"曾经在夜晚骑着扫把飞来飞去，带走十八个人的灵魂"，更不承认自己曾经"与黑毛红瞳的猫签订了出卖灵魂的契约"。而当神父红着脖子吼道："那就让这神圣的火焰来见证你是否有罪，若你的身体在这火焰中变成焦黑的枯槁，你将是无罪的；若你在这火焰中镇定自若，你就是毒害全镇的女巫！"所有的观众都沸腾了，我在人群中看到了几个熟悉面孔——莫妮卡的父母，还有她的哥哥，都红着脖子举起了手，仿佛那个即将遭受火刑的人不是他们的家人一样，反而真的是来自异世界的魔物。莫妮卡的哭喊和辩解都显得那么苍白无力，被一浪一浪的人声盖过了。

火焰燃起的时候，我第一次闭上了眼睛。我感受到有温热的液体从颊边划过。这样的体验是新奇的，心脏也在发出呻吟。我第一次有了一种强烈的冲动，想把秃头神父仅剩的头发全部撕扯干净，然后让我的利爪代替眼球嵌进他的眼窝里。

我很奇怪，你们人类一直认为自己拥有比任何生命都来得贵重的感情。那么现在呢，人类又在做着什么心口不一的事？你们想骗自己吗？其实谁也骗不过。

在那之后，我又恢复到了一个人流浪的生活。今天去偷点面包，明天去抢点香肠。多么快乐自由的日子！而与此同时，瘟疫也开始在这个小镇里传播了。每天死去的人都被草草掩埋在一个坑里，直到坑也填不下了，只好用火烧掉。我本来想，就这样看着这个镇子消亡也挺好，直到我遇见了另一个人。

那天我在房顶上吃面包，忽然听到有人在楼下向我吹口哨。我放弃了看风景的闲情逸致，低头看去。那是一个颇年轻的女人，黑色的大檐帽下是棕色的长发，皮肤苍白却也不病态，全身都笼在一件过大的黑色衣袍里。

真像绘本里的女巫。

我嚼着面包和她对视了一会儿，她善意地对我微笑。她轻易地一跃上了房顶，得意地看着我惊愕的眼神。

"我叫劳拉。要不要和我做朋友？我给你牛奶喝。"她甩甩头发，把还来不及反应的我一把抱在了怀里，"走喽！"

她不知什么时候骑在了一只扫把上，我第一次感受到飞行的刺激。我抓着她的衣领不停地叫，她好像明白我的惊吓一样，放慢了飞行的速度。

啊，这位应该是货真价实的女巫了。

到了她家之后，我看着那破败的墙壁上挂着许许多多奇怪的壁虎尾巴或是飞蛾翅膀一类的东西，还被灰尘呛得打了喷嚏。她看着我咯咯地笑。她起身去炉灶那边捣鼓什么东西，锅里散发出的阵阵香味让我不禁贪婪地吸起鼻子。她在壁炉里生起了火，还从柜子里拿出了毯子。她用毯子裹住我，把我放在离壁炉比较近的地方，还从炉灶那里端来了一碗加了糖的牛奶。她就趴在我身边，笑吟吟地看我把牛奶舔得精光，摸摸我的头，为我摘去身上脸上粘连的泥土。

从来没有人类对我这么好过，我受宠若惊。她摸摸我的头说没事，还印下一个轻吻在我的脸颊。

"我一直都是孤身一人啊。"她挽起棕色的卷发，把脸凑得更近了些，"因为是女巫的关系，从来都没有人亲近我呢。哈，你是第一个啦，虽然是猫……"她转了转绿色的眼珠，改口说，"对不起，我知道你不愿意承认你是猫对不对？所以你总是要接近人类，你是想成为人的吧。"

劳拉好像有读心术一般，俏皮地笑着："对了对了，刚刚你喝的牛奶里，我加了特殊的药哦，这种药可以让你活几千甚至几万年啦，就跟我一样。"

我对这件事并不排斥，猫的寿命的确短了些，这正是我要的。

"现在你是女巫的伙伴咯，从明天开始我们就要一直在一起哦！"

从那之后我就跟着劳拉。我们只在夜晚活动。她说她喜欢我的眼睛，从她看到我的第一眼就喜欢上了。"像红宝石！"她兴奋地让扫帚在夜空中划出一个宝石的形状，然后温柔地抚摸我黑色的皮毛，"多漂亮！"

从没有人这么评论过我那一度引以为耻的眼睛，劳拉笑起来简直就是一个天使。

我原本以为劳拉会带我去哪个地方，放一个咒，然后大批平民感染疾病最终死在痛苦和狰狞里。我还想着其实这样也不赖，可是劳拉的所做让我意外。她在夜深人静的夜晚，来到流浪汉聚集的小巷里，为身缠重疾的他们治疗。当然这一切都是悄悄进行的，她脚下闪耀着红色的六芒星，在黑夜里散发出幽暗的光芒。而当那红色消失之后，流浪汉的呼吸趋近于平稳，他们的脸色也不再苍白，他们甚至还说着幸福的梦话呢。我看得惊呆了，劳拉又扭头对我一笑，"好棒，我们又救了几个人。亚瑟。"

等到第二天破晓，流浪汉们睁开了眼睛。他们惊讶于自己身体居然恢复了健康，于是他们就一窝蜂地跑到了教堂里，下跪，念着祈祷词，赞美着"即将治愈世界"的上帝。

秃头神父原本还在为自己诵经被打断而恼怒，听了原委后也以为是上帝创造的奇迹，不断划着十字，念着赞颂的话语。我和劳拉站在阴暗的小巷里，我发觉我向她问话的语气里居然带上了些恼怒："你为什么不去向他们说明？告诉他们其实把他们从地狱里拉回来的人就是你？"劳拉歪了歪头，"为什么要说明？无论我说什么他们都不会相信的。"

"为什么！你就看着他们这么……诋毁你吗？"

"因为啊，"劳拉不好意思地笑着，揉了揉鼻子，"从几百几千年开始，我就已经在他们的身边了。上帝不会总是回应你的要求啊，我想这就是我存在的意义。虽然这世上也有很多别的女巫，比如说，就像他们口中的那样，施下诅咒什么的，其实我也都会啦。只是，我不想这么做。"

正当我们沉默的时候，那群流浪汉经过了巷口。他们看着我和劳拉，露出了厌恶的表情。他们从地上捡起了石块向我们投过来，他们向我们吐口水，恶语相加。劳拉的脸上依然带着笑容，仿佛她毫不在意似的，她匆匆提起黑袍的下摆，把我抱在怀里，飞向了湛蓝的天空。

不，这不是女巫的作为。

我窝在她温暖的怀抱里，抬头时尝到了她脸颊边划过的眼泪。

瘟疫仍然在继续，治愈的速度远远赶不上传播的速度，这让劳拉非常苦恼。全镇都在搜捕那些有"诡异行为"的"女巫"，将她们的手按进了滚水里，或是把她们从高塔上抛下，以她们会不会飞起来作为判别女巫的标志。而事实上，她们所有人都被证明是无罪的，可惜为时已晚，她们不是支离破碎，就是已经成为了火刑架上带着泪痕的焦炭。

我站在我常常蹲守的房顶上，身边坐着劳拉。我们都想彼此安慰些什么，最终却无语凝噎。

有一天晚上，劳拉带着我到了一个我没去过的地方。但我认得出来那是哪里，那是教会的医院，里面有很多瘟疫病人，远比大街上还多很多倍的病人。他们呻吟着，流着眼泪，痛苦地在病床上挣扎。劳拉的眉头皱得更紧，她拉着我躲藏到了一个病床底下。

"在这里走动很危险，教会的人会来巡逻，千万不要被抓住了啊。我们要小心，在天亮之前离开这里。"她压低了声音告诉我，随即开始张开一个六芒星的魔法阵，荧荧红光闪耀起来。

就在这个夜晚即将结束的时候，劳拉已经治愈了几十个病人。她有些疲累，但是脸上还是带着笑容。可是那笑容持续不长了，有急促的脚步声靠近，秃头神父破门而入。

"你这邪恶，狡诈的女巫！我可找到你了！我从楼下看到了你施魔法产生的红色光芒！那一定是来自地狱的火焰吧！快！你们快过来抓住她！"秃头神父对着他身后的人群大喊，他的眼睛发红，就像绘本里的恶魔。

我感受到了劳拉的惊慌，她已经没有什么剩余的魔力再来操纵她的扫把了。她紧紧贴在墙上，她的嘴唇被她自己咬得发白。我看得出她正在念着隐形的咒语,我知道那会让她暂时躲过一劫。但是她在念咒的时候,秃头神父的信众已经用锄头和棍棒打在她身上了。她的咒语不能被打断,否则就会失效。我猛地向那群忘恩负义的人扑了过去,我如愿以偿地把我尖利的爪子戳进了秃头神父的眼窝。他痛苦得长嚎一声,就像是被砍去四肢的野兽般哀嚎着:"这是女巫的帮凶!你们都看到了吧!它也是邪恶!它是导致瘟疫的源头!"于是所有人又将他们仇恨而恐惧的眼神转向我,很好,这样劳拉就能安静地念出她的隐形魔法了。可是下一秒就有棍子打在了我的身侧,我的肋骨一定也断了几根吧。混乱中我看到劳拉带着不可置信的表情睁大了她漂亮的绿眼睛。我朝她笑笑,闪身躲过不知是谁打来的锄头。

"你们放开亚瑟!!"她居然放弃快要完成的咒语向我冲过来,她为我挡下了棍棒的击打,当锄头砍在她的肩上时她痛苦地咬紧了牙。她的额头上滴下了冷汗,她用力把我抛出了窗外,自己却被几个人架住,消失在那永久的黑暗里了。

那一天,天空阴沉得像是死了一般。这无耻的上天瞎了一般,聋了一般,无视了天空下的鲜血和泪水,继续他永远也玩不腻的游戏。

我受够了。

劳拉出现了,她背着十字架在人群中蹒跚前行。她肩上的伤口还触目惊心呢,人群里却有人向她扔垃圾,泼脏水,用最恶毒的言语诅咒她。小孩用弹弓把石子弹向她的额头,留下片片淤青；成人们嫌恶地看着她，极不得体却意外的精准，把口水吐在她苍白的脸上。我愤怒了，不是悲哀也不是同情，也不是一开始时的冷漠。若那是我，我会用上我毕生学到的所有咒语加诸在这些愚蠢人类的身上，看他们痛苦翻滚，看他们泪流满面的哭泣。可是劳拉没有，她只是念着祈祷的咒语，为那些人洗脱罪过。然后她看到了我，她终于对我笑了，笑得一如初见时那般明媚。

"不要责怪他们，他们只是不知道自己在做什么。"

当熊熊火焰燃烧起来的时候，我止不住我的泪水和尖叫，崩溃一般地诅咒着谁。

人类啊，你们的神之子耶稣，也说过这样的话吧。

在那之后的几百年里，我一直住在她留下的小屋里。我试图远离人类，但是他们却总是和我待在一起。

我观察着他们，一直在想，人类所谓的情感到底是什么。他们说，他们是万物里唯一会微笑的物种，他们的感情真挚，他们博爱平等。相比于其他动物的无情，冷漠：豺狼会在饥饿时吞食自己的幼子；新的狮王会当着雌狮的面杀戮她的孩子。我曾经一度向往着人类这样的情感，我模仿，我羡慕，因为它是如此温暖：就像劳拉为我裹上的毛毯，就像劳拉家的壁炉，就像劳拉的笑容一样令人向往。可是我最终却看到这样一副不堪的场面：他们当着父母的面把孩子焚烧，而父母却大喊着赞美的话语；他们把自己的恩人当做万恶，不明事实实在可悲。这就是我向往的人类吗？哈，大概我是要放弃原来天真的想法了吧。

啊，说了这么多，有点累了呢。这个故事说完了，谢谢你听到最后。

说起来，我到底是做一个人还是做一只猫呢，真苦恼啊。我期待你给我的答案，不过在我得到我想要的答案之前，我还是维持我最初遇见劳拉时所怀抱着的那种"我是人类"的心态吧。

234

　　谢谢你风尘的旅人，在我这个小小的栖身之地抖落身上的风雪。这里太冷了，请让我为你沏上一壶热茶。碧螺春还是铁观音？不，祁连红茶在这样的冬夜中最能暖人心脾。你看，我岁数已经不小了，老得只剩下回忆，有些故事不说怕是要被我带进黄土里喽。我的朋友，你已经捧着茶坐下了，为何不再听我讲个故事呢？在我们这个偏僻的地方，故事和热茶是冬天的唯一消遣。来，我给你讲个故事，听完等天亮再上路，你记得也好，最好你忘掉。

　　四合院扁平塌陷的屋顶和远方高耸起的烟囱一起生长在北方灰扑扑的天空下。土色的墙瓦有些剥落了，就重新砌上，有些就任由暴露在空气里慢慢氧化。一棵老树，淡淡的土味，淡淡的阳光照射着院子的角落。张妈正在用笤帚扬起自家门前的灰尘，几秒钟后那些微尘又飘飘洒洒地落回原地，把阳光弄得更加浑浊。女孩坐在储物间的一架立式钢琴上愣着神看母亲这徒劳的打扫。

张妈扫完就进屋把笤帚一撂，又好像想起什么似的转身训斥女儿："不许坐琴上！知道它值多少？能供你吃穿上学多少年哩！这灰大可要老是擦，懒骨头！"女孩撇了下嘴，轻巧地一蹿走人了，只剩下母亲和在一堆杂物里显得特别突兀的钢琴。随着女孩的猛一用力钢琴不满地哼唧了一声。

这是一架，或者说，原是一架极为考究的钢琴。至于她为什么会几经辗转来到这里每日与笤帚相伴，钢琴自己也说不大清楚。只记得某一天，大房子的女主人叹息着，小女儿哭闹着，几个粗鲁的人把钢琴搬到了一个摆满旧家具的地方，过程中擦伤了好几处棱角。然后钢琴被搬到一个又一个屋子里。但没有一个像现在这样令我屈辱！钢琴有些恼怒地想。鸡毛掸子正无比眷恋地倚靠着她。钢琴想得有些累了，紧紧咬合着琴盖。自从到了这里她就没唱出过一个音符，怕弄脏了雪白的琴键。我是一架上等的钢琴，她对自己说道，我很漂亮，我没有理由在这种破败的地方费嗓子。于是她自负而怪异地沉默着，像一个黑色的大木桩。

不知何时院里那棵老合欢树的新芽已长成了绿叶，小城的四季向来不明显。穿过晨曦的风让树叶"沙沙"地絮语，合欢树随风伸展着枝条，觉得自己还力盛着呢，甚至能感到树汁正从土壤里源源地输送着生命力。而居民总是说"那棵老树"，大概是从他们陆续搬进来的时候，合欢树就在这儿了，那年女孩还没出生呢。仲夏的黄昏总是有人搬几把破藤椅坐在树下乘凉，合欢便安详地伸开枝叶，微光像蜂蜜一样流淌开。

也不知道为什么，合欢从来不开花。

不幸中的万幸，储物间灰秃秃的墙上竟然还有一扇小窗——虽然窗外没有什么景致。哦不，说是景物的话倒也还是有的，钢琴静静地看着院子中央那棵沉稳的大树，铺天盖地伸开的枝条几乎撑满了整扇窗户。这便是这个世界的全部了，钢琴傲慢地想，感到很无趣。其实世界很有可能没有想象中的那么大。钢琴颇为好奇地打量这新鲜的事物，看他平静伸出的四肢，看他粗壮的根茎紧紧抓着脚下的土地，好像几百年前就已经在这里了，又好像还会耸立在这里好几百年。他跟自己是多么不一样。而如今自己的全部视野被这棵异样陌生的树占满了。一番考虑之后，钢琴就决定等待合欢树开口向自己说话。她知道自己的特别，虽然很久没有听到赞赏，钢琴仍然觉得自己还是原来那架美好的钢琴，只是所处的位置不一样了，别无它异。

日复一日，四合院在安详与宁静中度过。合欢树并没有钢琴想象的那般好奇。钢琴有些不耐烦了，但她完全没有对自己的吸引力产生质疑。只是想，树这种东西也真无聊，根扎在哪里从生到死都在那里了，从生到死永远在那一小片天空底下过活。他们甚至可能不会说话！

又是几天漫长讨厌的等待。终于，我们的钢琴实在忍不住了，再不发音天知道琴弦有没有蛀掉。"你好。"她很欣慰地发现自己的声音几乎同从前一样。

半晌，她听到了微风轻轻抚摩树叶的声音，柔和沙哑得像远古安详的镇魂曲——

"你好。"

之后的钢琴非常惊异，抑或是对自己所处环境的无知感到有些尴尬。她头一次知道，原来那一棵树并不是全部的景物。"不不，"合欢微笑着摇了摇树冠，"透过窗子你只能看到我，但远远不是全部，远远不是。你的面前是院子，左边有一个鱼缸。透过你头顶的天棚还能看到远方冒着灰烟的烟囱……"天哪，这个之前所蔑视的逼仄的地方，这些之前闻所未闻的事物竟然就在自己周围，钢琴感到一阵眩晕，为了掩饰尴尬她轻轻咳嗽了几声。

"那又怎么样，我终究是要离开这个无聊破败的地方的。"钢琴顿了一下，又下了决心似的补上一句，"我一定会走。"

树很平静地说："你来这里不久，又要去哪里呢？"钢琴有些不悦地回答，只要是看得到希望的地方，只要不是这里。

"你一定没有看到过世界地图吧，"钢琴说，她的声音像音乐一般悦耳，"我看过。世界是由一根根经线和纬线连成的，像一张大网，每个网格都不一样，都有它自己的名字。我要去的地方很远很远，在网的另一端有个地方叫乌托邦，谁都没有见过。"

"你为什么想去那里呢。去了又如何呢。"树好像一点也没有被振奋，他的声音平静得几乎沙哑，疑问句被读成了陈述句的语气。钢琴愣住了，她从来没有想过这个问题。

好像是有风吹来，树枝又开始"沙沙"地摇曳了："你和人一样，都有腿，从很远的地方来，又不知去往哪里。跑啊，跑啊……最终发现土地是连成一片的，去到哪里都是世界。因为人没有根，他们总是在土地上漂泊，十分容易死去。"那声音仿佛上万片树叶在低声絮语，像青绿色的树叶的经脉一般萦绕在钢琴身边，不断回响。

钢琴突然想到了大房子，想到了到过的每一个世界的角落。"大"像个怪物将她的咽喉紧紧掐住，蔓延到了四肢百骸。钢琴几乎是惊恐地看着这庞大的怪物扎根于无垠的土地，她想要逃离，去只要是看得到希望的地方，只要不是这里。

小院干燥的清晨带着一丝凉意，神清气爽地拂过了女孩微阖的双眼。昨晚有点冷，她紧了紧身上的小夹袄，翻了个身继续假寐。而此时，张妈的一天已经开始了。隔壁的王姨每天天不亮就到半里地外的小集市买菜，张妈可没那么傻，一次买回来一堆，这种天气蔬菜放个三五天绝对不会坏，还可以跟小贩讨讨价。张妈很会过日子，买得多还有一个好处，一堆土豆里混几块生姜几个蒜头，谁会发现！张家的一把手有些得意地红了脸。于是张家的饭桌上永远是吃不完的炖白菜和土豆丝。

王姨正坐在门前择着新鲜的韭菜。"王姨，这么大清早择菜呢！"王姨无奈地笑着叹了口气："没法儿，我们家爷儿俩闹着要吃新鲜的，没得吃还乱发脾气呢，我这不得天天为他们跑啊。张妈子，前些日子听着你们家新添了大件儿啊？动静可不小。院里的都在嘀嘀咕咕呢，是张桌还是个凳啊？"

"咳，可不是吗，爷儿们搬进来费老劲了。王姨，这可是一架钢琴。就洋人叮叮咚咚弹的那玩意儿，叫钢琴。听说可是某个大户'破四旧'给'破'下来的，可了不得。"

"哎哟！"王姨一惊，手中的韭菜差点掉到了地上，"洋乐器？资产阶级给下来的？我们寻常小户吃吃喝喝哪犯得着这些呀，不能吃不能穿的，当桌嫌窄当凳儿嫌高，张妈，你要那洋东西干啥？"

张妈哼了一声，挺起了结实的胸脯："资产阶级的东西也是要服务老百姓的嘛，劳动人民还不许听点洋玩意儿消遣消遣？你们不知道，这钢琴可是个好东西，可高级，我还要给咱英子找个师傅，教她弹哩！像大户人家闺女似的，以后可就出息了！"

在王姨"这张家吃饱了撑的吧"的神情中，张妈春风得意地拎着鸡毛掸子打开了储物间的门。她和院里的其他女人不一样，算是半个"知识分子"。在镇上读过两年中学的张妈可是清楚地明白钢琴的价值！

树影摇曳，钢琴蜷缩在大地的一角，看着太阳从东边升起，又从西边落下。她感觉自己快要睡着了。睡眠像纵横在地图上的无数根丝线将她缠绕，钢琴仿佛听到了以前女主人经常弹的一段旋律，那总是让钢琴想到夕阳。

接近立秋的日子里，天气一天凉似一天。我们知道小城的四季并不明显，而四合院里秋天将要来临的种种迹象是：王姨给她们家的胖爷儿俩缝制了薄袄，用的是今年新采的棉花；钱婆的老病腿又开始哼哼唧唧地抗议秋凉，整得她整天倚在榻上动不得；老李头收起了他的蛐蛐儿笼，担心着他的宝贝们是否能挺过顽劣的秋天。

立秋这一天，一个灰蒙蒙的日子，四合院迎来了它与众不同的客人。

一个穿白裙的陌生的女子。

"吱呀——"一声，四合院歪歪斜斜的正门发出了一声呻吟，向着门外的来客咧开了嘴。她走进院子，有些犹疑地朝空旷的四周望了望，直到看见树荫下张妈堆满热情笑容的脸，和张妈拉着的，歪着头的女孩。张妈很殷勤地拉着女子进了屋，对女孩说："丫头，这位女同志以后就是你的钢琴老师了，跟着好好学，啊！"又转头对女孩未来的钢琴老师恭恭敬敬地说，"老师啊，我们家英子不笨，就是懒，有不对您好好批评！"陌生女子温和地笑了笑，"英子，好名字。"

一直侧着眼的女孩开始打量起了她的老师：可能是旅途劳顿或是不适应，老师眼眶微陷，略有疲惫，长发束在脑后。她身穿白色的长裙，看得出很旧了，但是相当洁净，并因为洗的次数太多而有些轻微的变形。过程中老师一直对她投以温良的微笑，试图让女孩放下她的戒备之心。女孩没有说话。

为了迎接女孩的老师张妈特意把储物间里外打扫了个干干净净，钢琴也被擦去积尘，乌光锃亮地展示在老师面前。老师拍拍凳子上子虚乌有的灰尘，坐下后用纤长的手指掀开琴盖，钢琴的琴键已经不是那么雪白了。女孩冷眼看着她从随身的小包里掏出一本乐谱，密密麻麻的横线上爬着如蝌蚪蚂蚁一般的符号，很是有趣。老师又极友好地拍拍凳子邀她一起坐下。

女孩在老师身边坐下，小心地没有蹭到老师的白裙。接着就是女孩一生中最难忘的时光。老师白皙的手不是在弹奏琴键，而是在爱抚音符，像对情人的手掌眷恋地触摸。女孩忘了第一次听到的钢琴声是什么样的旋律，只记得狭小储物间突然变得无比广阔，天花板和四周的土墙随着每个音符的震颤而点点崩落，屋外的光全部照在老师的脸上。

"真好……我曾经，也有过像这样一架钢琴。大概就是跟你一样大，甚至还小一些的时候。"老师若有所思地轻抚钢琴，"那时的钢琴感觉比这架要大、要厚重，漆也更亮。小的时候妈妈一定让我学钢琴，我把自己关在房间里，不停地弹啊弹啊，她的声音我最熟悉不过了。"

你从哪里来呢？和我一样大的时候，你在做些什么呢？女孩心里堵着无数的问题，她咧着嘴笑着看看老师，又看看钢琴。"环游世界。我想要环游世界。"老师突然说，好像能读出女孩心思一般，"我们又在说和钢琴无关的事情了，你妈妈要不开心的。"她一回头，朝女孩露出了一个真正发自内心的，像小女孩一样狡黠的笑容。

女孩突然发现，老师其实很年轻，非常非常年轻。

她从哪里来？她的行囊简单，她要到哪里去？她的长裙洁白，不怕被小城飞扬的尘土弄脏吗？

有一件东西在老师掏乐谱的时候从包里掉了出来，是一张陈旧的世界地图。女孩把它拾起来，发现老师在世界的某个角落用红笔做出了记号。女孩把地图藏了起来。

合欢树永远是小院里醒得最早的，甚至比阳光还要早（即使如此他还是觉得"老"这个字跟自己没有什么关联）。他喜欢看着一轮暖阳一点点破开云层，把天空当做调色板，渲染出早晨的色泽。朝阳像没睡醒的孩子一样，是温暖而可爱的，没有残阳似血的瑰丽和盛大的悲伤，初升的太阳懵懂地准备点亮新的一天。太阳已经升起，他便舒展舒展身子，等待着开始旁观四合院里的人们一天平凡而又忙碌的生活。

蛋清一样的晨雾从树梢上滴下，在早晨微凉的空气里缓缓搅动。这几天合欢树总是能听见钢琴的歌声，像极了女孩小时候断断续续的，不成章的咿呀学语。钢琴肯定又在心里抱怨了，难为了自己那么好的歌喉。树想着，一边继续饶有兴趣地听钢琴小姐支支吾吾地学说话。渐渐地他竟然能够听出一些旋律。有时几个音符颇有模样地串成了一句，琴声就会有小小的停顿。隔着小窗，树几乎可以想象出女孩举着乐谱，得意地胀红着脸的样子，叶片就又一阵窸窣作响，宛如轻笑。

起初钢琴是不愿意让女孩在她身上肆意制造出那些不算乐音的声响的。但没办法，谁让自己是钢琴，钢琴的意义就是要歌唱。她按下性子仔细感受着女孩的音乐。那双年轻而笨拙的手模仿着老师灵动的舞步，每次都是很认真地按下琴键。很久以前，也许几个月，也许十年，也许一百或二百年——反正是个时间已经没有意义的时候，也有这样一双女孩的手在自己的琴键上这样弹奏，从聒噪，到美妙。

太阳快下山时，女孩勉强能把几个小节连成一段。哦，钢琴想起来了，以前也有个女孩总是弹奏这段旋律，那感觉就像是夕阳的璀璨落幕。弹奏完这一段，女孩笑了，露出一排小白牙，然后轻柔地把琴盖合上，之前还不忘垫上衬布。钢琴有些不想走了，她挺想听女孩把剩下来的乐章慢慢地，全部弹完。钢琴感到自己的脚下像树一样生出了细密的根须。

日落前，合欢树忽地听见储物间里响起了一段颇为流畅的音乐，整个四合院应该都在聆听。微尘在阳光中浮动，时间像一个光年一样漫长。

"英子，起床了！"

"死丫头，快给我滚起来！"

"怎么着，病了怎的？开门，英……"吱呀一声，门被张妈撞开了。

四合院某个平凡而宁静的清晨被张妈石破天惊的呼喊声撕裂。人们穿着睡衣短裤围上张家的门，把惊恐万状吓得不知所措的张妈安顿在了炕上。王姨从张妈出汗的手心里抽出一张字条。看样子是作业本上撕下来的，上面画着一条条横杠，而写字的人却毫不在乎这些，把字都写出了格外，稚嫩而肆意张扬：爹娘，我走了，离开这座小城到S城去。我会好好努力好好活，勿念。丫头。大家默默地传阅这张没有多少字的纸条，谁都没有发出声响。女孩是在这个小院儿里长大的，小院儿里谁都逗过她，谁都喜欢她。没有人知道怎么安抚眼神空洞的张妈，也没有人知道女孩为什么离开。王姨搂着她，告诉她，一定会找到英子的，英子很聪明，不会吃亏的，孩子到外面闯荡闯荡也好。而张妈麻木得纹丝不动。

秋日的阳光一如既往地来到了四合院，淡淡的土味，微尘在空中飞扬。一切跟往日好像没有什么不同。

合欢树不知道，此刻的钢琴心里是什么滋味。女孩可以说走就走，可以什么都不说就离开，去一点点手绘属于她自己的世界地图，去S城找她的乌托邦。钢琴挤在储物间的小方窗之内，那么小的一个网格，也会被画在世界地图上吗？

合欢树只知道，在这以后的很久，钢琴都没有再说话，也没再提过想离开。

你从哪里来？你的行囊简单，你要到哪里去？路上的风尘大，你不怕沙子吹进眼睛吗……

女孩离开的时候，这座小城还没有醒来，风撕扯着女孩的额发。为了减少行李的重量，她穿着最厚实的衣物，鼓鼓囊囊地在公交车靠窗的一侧坐下。破旧的汽车吱吱嘎嘎地响，像不负重荷一般艰难地拖着一车人前去。每个人的目的地或许都不一样，而女孩将要辗转去往繁华的S城，那里没有星星没有夜晚，是冒险家的乐园。

女孩挤入人群的时候，这座城市已经醒来，开始咳嗽，开始吵闹。她面对着潮水般向自己涌来的世界，攥紧了那张皱巴巴的地图。

"改革开放的春天已经来到，一心一意搞经济建设，加快城市化进程……"播音员洪亮的嗓音在大街小巷的收音喇叭里回响。这已经是个不同的时代，今年的春天格外明媚。四合院在洋溢着的积极气氛中显得生机勃勃。院里的居民们正忙着把全部家当都堆放在门外，小件儿的，大件儿的，能带走的全带走。

几天过后，这里将被夷为平地。再过几年，化工厂的烟囱将拔地而起，直插云霄，得意地吐着黑烟。

张妈把女孩以前的衣服一件一件仔细地叠放好，一起捆进了柳条箱。走之前，她怜惜地把生活过几十年的屋子又最后打扫了一遍。钢琴和众多家具一起躺在拖车里，她很想和合欢树道个别。人们马上就要迈向新的生活了，他们每一个人都激动万分地向前跑去，谁还会在乎一棵树呢？

和煦的微风吹得树叶"沙沙"作响，合欢树轻摆着枝条，好像在说些什么，然而钢琴已经听不见了。再见，她在心里默默地想。还有，认识你真高兴。

钢琴有腿，她会到很远的不知道什么地方去走，去歌唱；钢琴也有根，她不是漂泊的，不是短暂虚无的——哪怕此时立刻死去也不是短暂的。只是这一次，她将要把根扎在另一个地方，无限延伸的土地的某一角。在故事的最后，钢琴终于要如愿离开了，可是她并不激动。

还有女孩，她的故事更为漫长。哪怕到了今天，她仍然在土地上行走着。我们不知她走到了哪里，有没有找到那个名叫乌托邦的地方。但是如果——我是说如果，有一天，不再年轻的女孩坐着拖拉机，穿过一大片田野，却找不到以前的四合院了，女孩会像以前一样歪着头疑惑着，她会迷茫吗？接下来的她又会去往何方？

树再一次感受到从土地传来的源源生命力。合欢树终于要开花了。这一次，他安静地聆听着风的声音，没有摆动树叶。

故事要有头有尾，有中间。但实际上，如果你想一想，就会知道生活并非如此。生活并没有清清楚楚的开始和结尾。生活就是不断的再进行。你应当从中间开始，从中间结束，而一切就在其中。茶凉了，来自远方的朋友，天就要亮了，你快些赶路吧。

王朝阳

上海大学附属中学

"一九八四年的初秋，我来到这片荒山上。

当时秋日的瑟风碾碎凌空划过的雁唳，云霄间的雁群向南方暮云缠萦的遥远山头飞去。

我在寻找一朵花的下落。

在这片秋日余霞染成血的山头，在这荒瘠的辽茫土地上。

我想我是找到他了。"

这是我祖母的故事。

她出生在两次战争间的和平年代之前。

我的曾祖父是世代传承的军人血统。我没有见过他，因为他早在我出生前就被敌军的战士以一根利箭刺死在马背上。

那年春末，我的曾祖母和我尚且年轻的祖母在山脚的小道旁等来的是战争胜利的消息和一具被染透鲜血的白布所包裹住的冰冷尸体。

那一天，有两个人，一个人失去了丈夫，另一个失去了父亲。

就在那片当年还尚未荒芜的茂翳山中，祖母站在尸坑边，亲眼看着她父亲的脸消失在铲落下的黄土中。当时她身边跪着哭哑了嗓子的母亲和村中躺着嗓子吹着唢呐的哀乐师们。祖母抬起头，看见的是在山连绵至远的尽头那里，没入山谷狭缝中的残阳。

和那朵红得似血的花。

它被紧紧地捏在那个男孩手中。他就站在不远处的一棵古树前，愣愣地望着这边葬墓的土扬起的尘飘在败地的黄叶上。谷间渗出的残辉在他的身后将天际淹没成血的海洋。

但那远不及他手中的那朵花的鲜红。映入祖母被风吹涩的涸眸中，她似乎嗅到了那朵花如同它颜色一般腥的血味。

她直直地看着那朵花许久，仿佛这座山上的所有的生命的血液都在那朵花细潺流动的花瓣脉络中。

像针一样地深深扎入她的眼里。

那个男孩似乎是被哀乐的高调给聋着了，又或许是被祖母直烈的眼神给傻了。他将身子侧近古树后面，将半个脑袋露在外望着我的祖母。他似乎在犹豫不决着什么，双指揉搓着花的枝干。哀乐伴随着残阳的笼罩和人们撕心裂肺的哭哑声又拔上了一个高调。他惊得一缩脖子，又看了看站在墓旁如枯石般看着他的祖母，他咽了咽，挥手让祖母过去。

祖母松开已经哭摊在地上的曾祖母的手，没有被任何人注意地走向那个男孩，或是那朵花。

那个男孩怔怔地看着站在他面前的，面色如同死灰般默着不出声的祖母。

他看了看手中的花，徐徐抬起手臂，却又像是害怕祖母一般地，不敢靠太近地将花举在她面前。

"你要么？"

这是我的祖父与祖母这一生说的第一句话。

而回应他的依旧是祖母沉默的注视。

当时的祖父抬头看了一眼在墓旁即将散去的人们，他在地上磨蹭着破旧的鞋底，似乎是想要逃跑那样的焦躁不安。望见曾祖母被人从地上搀扶起，似乎是要寻找着祖母。他又咽了咽，飞快地扯过祖母冻得僵硬的手，将花的茎末塞在她的指尖，然后头也不回地向山的那一侧奔去，消隐在茂密叠嶂的丛中。

这是我的祖母与年长她四岁的祖父在人生中最初相遇的一个落暮。

也是在那一天，回家后的祖母被曾祖母死死按在床沿上揪打，那朵红得似血的花丢弃在沾满脏土的泥地上，被曾祖母用鞋底板踩碾了粉碎。

当时祖母望着那朵花像他父亲一般鲜红的尸体，血的汁液和肮脏的尘土黏糊在一起，她第一次知道了在村子另一旁的山侧，那座常年任风刮雨打也不倒下的巨墙另一边，存在着一个同他们世代为仇的村落。

那朵花的主人就来自于那里。

祖母捂着红肿的颊旁，坐在煤油灯昏黄的灯光中，她的手上似乎还留着那朵花的血，她在那一刻那么想知道那朵花的气味是不是和她想的一样，是血的腥味。

"都还没有嗅过那朵花的味道呢。"她这样想。

她突然间很想再见一眼那个男孩。

而命运没有让这个刚失去父亲的女孩失望。

在从窗户溜出去的那天夜里，她举着油灯，迎着凄淡的惨白月光，在巨墙的拐角处，她发现了一个很矮小的洞，被隐藏在一丛灌木的后面，洞的那一侧泥地上有新留下的爬痕。

祖母不敢过去，但她第一次那样地惊讶于自己的肯定，肯定那个男孩还会再穿墙而过，同她相遇。

当她看见第二天的朝霞映着那个爬过墙洞的身影，祖母便知道他没有让自己失望。

祖父吓了一跳。

这是他们人生中的第二次相遇。一切以此为伊始，开始起航。

那是十七八岁的年龄时，祖母跟着祖父到处瞎窜。他们偷过祖母村落田地里的萌瓜，用弹弓袭击过山脚下的鸟窝，他们裸着在傍晚的鱼塘里疯狂地拍打着水面，捉着幼鱼，逮上岸来烤着吃。

很多岁月就这样过去了。那是一段爱情葳蕤而生的时光。

祖母再次记起了那朵花，红得似血的花。

那时候她已经偷偷地怀上了我的父亲。

"还可以看到么？"

"可以，在很久的以后吧。"

"真的么？"

"我会去种的。为你去种的。"

祖父道那是他父亲自己栽培的花，因易枯死而稀种。他的父亲已经不再种这种花了。

这花是为了祖父的母亲所埋种的。

而那一日的花是所剩无几的其中一朵，在祖父家的院子里找到的，他当时小心翼翼地摘下来，本打算插在他母亲的坟头。

结果他遇见了她。

那日后世界上就再也没有这种花了，红得似血的花。

战争又来了。

硝烟充斥在山脚附近，逃难的人们如洪般涌下山。

曾祖母在发现祖母肚子里的孩子后，气不成声地狠狠抽了她一巴掌，就扯上她的手，扛着所有的家当，跟着长辈拥挤的步伐向山下逃命去。

祖母护着肚子里四个月大的孩子，被人推着挤着向山脚下趔趄地赶去。两个村落的人都出来逃难了，推挤在一起，谁也不让谁，争吵声、打骂声和孩子的啼哭声掺杂在一起，混着硝烟的气味和枪声。

祖母疯了一般地回头去找寻在人群中的他，但她没有找到。

她松开曾祖母拉扯着的手，不顾曾祖母在身后焦急的嘶吼，反身向山上跑去。

她要找到他。

命运再次没有让她失望。

就在那堵巨墙的拐角处，她艰难地趴下身子，像她往常呼唤他一样，向着洞那边叫着他的名字。

一双手从洞的那一边伸过来，沾满了腥血和泥泞的土。

他在。

但祖父没有从洞中钻过来，他只是叫着祖母的名字，让她去逃。

"那你怎么办？"

"我要留着，这边有伤员，还有整个村子，不能让它没了。"

"走啊！"

"没事的，这里还有很多弟兄呢，我们有枪。"

祖父说到这里突然间笑了，"还有给你种的花呢，也不能没了。"

"都什么时候了，还说这些事。"祖母哭着骂道。

"走吧。"

"我要跟你一起走。"

"笨蛋。"祖父说，"花也没法跟着一块跑啊。我每天都帮你栽一朵，你都没见着过，可不能没了。"

曾祖母和乡亲们赶上山来，疾着冲到祖母身边，将她狠命地从洞边拉开。

祖母痛苦地反抗，却只能被拉下山，离开他的身边。

她向着洞边喊着我祖父的名字。

"你要好好的！有一天回来看花！"

这是我祖母与祖父这一生说的最后一句话。

却再也看不见最后一眼。

那一天，有两个人，一个人失去了丈夫，另一个失去了父亲。

这是我祖母的故事。

她在年迈的岁月里依旧清晰地记得这些，她时常坐于傍晚胜血的残阳余晖中，给我讲她的故事。我想她是一定要回去看花的，看那红得似血的花。她相信那花里不会再有血的味道。

命运没有让她失望。

一九八四年的初秋，她来到那片早已荒去的山上。

当时秋日的瑟风碾碎凌空划过的雁唳，云霄间的雁群向南方暮云缠萦的遥远山头飞去。

她在寻找一朵花的下落。

在这片秋日余霞染成血的山头，在这荒瘠的辽茫土地上。

我想她是找到他了。

在那座巨墙的另一边，在那个生死相隔的时空里，在最初与最后的道别声中。

祖母看见了。

一片连接于天地之间的红色，似血一样盛开的花海。

汤沉怡
延安中学

隆冬时节，巴尔迦城又是一夜苦雨。点点滴滴，凄凉地吟唱着一首首旷世悲歌。

桥洞之下，那瘦骨嶙峋的孩子如往常一样紧挨在我身边，睁大了他黑曜石般清亮的眸子渴求般地望着我，就像当初的那个人一般。

"奶奶，给我讲个故事吧。"他奶声奶气地央求我。

他的请求我是永远无法拒绝的，许是因为我对他仍有歉疚。我已风烛残年，且是满身罪孽，本应如臭虫一般独自在阴冷潮湿的泥沟里任凭岁月缓缓蚕食着自己的生命。然而，我却自私地插足了这个孩子的人生，将那个可以早早回到上帝身边享福的孩子硬扯回了荒唐可笑的黑暗人间——只因那双和那人相差无几的清亮眼睛。

我那隐没在厚纱背后的嘴唇微张，却只能发出老迈嘶哑、满覆沧桑的嗓音。我的思绪不由自主地飞升，渐渐抽离了这个迟暮之身，逆流而上，重新回到那永不再来的水木年华。

　　"来，彼得，我给你讲个故事。"

　　"故事的主人公，他也叫彼得。"

　　时针缓慢而吃力地被拨回了近一个世纪前的巴尔迦城，那年的巴尔迦城方易朝换代，蓬勃而朝气，仿佛重获新生。春风和煦地亲吻着大地，花神芙罗拉的翩跹裙摆漾过每一寸土地，人们的脸上，噙着感怀的泪，挂着盈盈的笑。

　　乔伊斯在那个季节遇见了她的男孩彼得。不是在绚烂的花海，不是在富饶的平原，而是在一片绝望的宽广深海。

　　繁华背后，是一片破败的荆棘之原。曾经高傲的贵族女孩乔伊斯，被剥去了华美的丝质洋裙，被迫罩上了极不合身的粗麻布裙。她被母亲拉扯着一路趔趄，通往一个茫茫然的未来。春风拂面，她却只觉得有千万把锋利小刀在不遗余力地刺向她的脸庞。莺飞草长，她却只觉得自己如海的女儿一般在尖刀顶端奔跑。

　　她们最终在一个地方停下了奔走的脚步——一个阴暗潮湿的贫民窟。瘦骨嶙峋面色黝黑的孩子在破败的石屋背后探出了脑袋，用警惕而恶毒的眼光细细打量着面色苍白的乔伊斯。乔伊斯身子打颤，闪身躲进了母亲的怀抱。

　　"妈妈，我不要住在这里！为什么我们不回去？我们回去啊，妈妈！"

"孩子，我们已经回不去了。"

乔伊斯睁大了蓝宝石般的眼睛，那仿佛包容了天空的眼中有盈盈的泪水呼之欲出。她挣脱开母亲的怀抱，不知所措，仿佛迷失了来途，失落而无助。

然后，那个男孩彼得如同曾经守护自己的骑士一般威风凛凛地出现，他逆光而来，背后的漫天阳光仿佛为他镶上了一层美丽的金边。乔伊斯抬眼，只看见他如黑曜石般闪耀的清亮眼睛，那眼中，仿佛有全世界的星光坠落。他朝自己伸出了手："来，别哭了。"

乔伊斯下意识伸手，然而下一秒却被母亲死死抱住。乔伊斯惊恐地望向母亲，这昔日的贵妇人依旧高昂着尊贵的头颅，以轻蔑而鄙夷的目光扫过那个男孩，仿佛那男孩是水沟里的臭虫，是不可入目的污秽。

"乔伊斯，我们身上流着梅芙安家族的尊贵血液，怎么能够触碰这种污秽不堪的东西？"母亲的身影轻轻打颤，抱着乔伊斯的手臂又加重了些力道。

男孩清亮的眼睛微微黯然，他受到了伤害。乔伊斯望着他转身离去的背影，虽对着母亲小鸡啄米般地微微颔首，然而心中却也没来由地涌起了点点不可言说的寂寥。

那誓死效忠梅芙安家族高贵血液的贵妇人至死都无法想象，自己宠爱如掌上明珠的唯一女儿会在日后的千千万万个日子里牵着那臭虫般的黝黑少年的手，从初春时令走到冬至暮雪。她在来到贫民窟一个星期后死去，她死时，原本玫瑰般的面庞已然枯萎，曾丰腴的两颊深深下陷，那双死不瞑目的湛蓝眼睛浑浊不堪。她死于饥饿，只因她那高贵的唇不愿意沾染一丝一毫卑贱的食物。

贫民窟里的孩子们围拢着乔伊斯的母亲，恶毒的小小眼睛里闪烁着幸灾乐祸。乔伊斯仿佛失去一切，惶惶不安地躲在母亲早已冰冷僵硬的怀抱里，瑟瑟发抖。而那男孩又一次出现，黑曜石般的眼中依然闪耀着星星与光，他再一次向她伸出了手，温暖而令人安心的笑容在他的嘴角缓缓漾开："来，别害怕。"

乔伊斯没有犹疑，闪身扑向了那个男孩。他的手，并没有那么污秽不堪，甚至带着丝丝温暖，恍若曾经的母亲那般。

"我叫彼得，你以后就是我的妹妹了。我会保护你的。"

我的眼前，小彼得黑曜石般的眼中闪烁着欣喜与雀跃，他挥动着小小的拳头，大声而自信地揣测着："奶奶，他们俩最后成为了夫妻，对不对？"

我抿嘴微笑，而后忽然有些怔忡。竟连我自己都不曾忆起，我究竟有多久未曾露出笑容了。很快，我嘴角的笑容亦渐渐隐退，取而代之的是内心一片盛大的荒芜。

"来，继续听我讲。"

春尽夏来，夏光漫天肆意飞扬。那光，驱逐不了贫民窟里常年的寂寞寒冷，然而却也足以照亮孩童稚嫩的心灵。乔伊斯牵着彼得温暖的手，一路向前飞奔。再无高大的城墙和累赘的洋裙阻挡她奔向夏天的脚步。她和彼得在光与影间穿梭流连，肆无忌惮的笑容在她玫瑰般的脸庞上嫣然绽放。

乔伊斯曾以为，彼得是个神通广大的魔法师。他轻轻挥手，一碧如洗的天空之上便降下了一片又一片恩惠可口的嘛哪——他带回了那原本只属于上帝的圣洁之食，分给了贫民窟里所有因饥饿而饱受苦难的人们。喂饱了他们空虚的肚皮，余香在齿间一点点缓慢洇开，甜美的味道和幸福一起在身体的各个角落扭动。

十四岁的夏天，年轻的开国之主没能挨过一场突如其来的暴病，君主的弟弟，那眼角闪烁着狡黠的野心家，举起了罪恶的剑，以鲜血铺平道路，迈上了他梦寐以求的无上宝座。于是，那远离巴尔迦城十年之久的恐怖阴云又一次在人们的头顶堆积狂吼。

那年夏天，乔伊斯没有盼来满世界肆意流淌的夏光，盼来的，却是一场命中注定的别离。

那一天，乔伊斯如往常千千万万个日子一般，在四合的暮色之中等待着魔法师彼得带着整袋的白色嘛哪凯旋。然而，当挂在山边摇摇欲坠的夕阳终究隐没于天际，当令人惶惶不安的墨色侵染了一整片天空，当高高悬挂的星子在云层背后小心翼翼地闪烁着微弱的光，彼得的身影都未曾在那条小径上出现。

凉风起，吹起了几片早早落下的绿叶。乔伊斯在风中微微发颤，也不知怎么，她忽然回忆起了十余年前失去母亲时，那种溺于深海般无助可怖的恐慌。一颗一颗晶莹的泪水毫无征兆地从她的眼中滚落，她仿佛一个迷失了道路的孩子，在漆黑荒芜的夜色之中泣不成声。

而那少年的身影终究是出现了——在那条路的尽头。那少年，宛若唯一的光源，照亮了乔伊斯即将陨落的世界。乔伊斯张开手，想要像往常一样热切地拥抱着少年，可是这一次，那温柔如骑士的少年却义无反顾地推开了她。

"哥哥！"乔伊斯睁大了眼睛，软弱的泪水又一次在眼眶中打着转。

那少年黑曜石般清亮而透彻的眼睛却晦暗了——那里，只有一泓死水。他默默地注视着眼前的少女，那个曾经被她所救赎的金发少女。晚风骤起，吹乱了他额前的碎发，他的眼中再无少女所爱的星光。

"我们已经活不下去了。"出乎少女的意料，彼得甩开了她的手。她透过朦胧的泪眼望着少年，却只见到他原本清亮的眼中有什么正在缓缓坍塌、消失、不见，"我已经变不出能够填饱大家肚子的嘛哪了，巴尔迦已经变成了一座黑暗之城——每天都有人在痛苦中挣扎煎熬，每天都有人在饥寒交迫中死去！乔伊，我们不能坐以待毙——我不想让你变成你母亲那样……"

乔伊斯怔怔地望着眼前的少年，曾经，他的黑色瞳仁中所满溢的只有包容与温暖，而她所不知道的是，在那温暖背后，亦有着数之不尽的背负与哀伤。那是他第一次，也是最后一次，在她的面前毫无保留地揭开了自己的全部脆弱——那隐没在坚强面纱之后的，孤独柔软的自己。

"我要去改变这个世界——乔伊，我会让我们活下去，我们都能活下去。"然而，旋即，那少年却收敛起了自己眼中所有的脆弱与哀伤。他黑曜石的眼中恍若有坚毅闪耀。

不知所措的少女却紧握着少年的手："哥哥，我要跟你一起去。"

"不，乔伊，你在这里等我。"然而，少年却再一次躲开了她。凉夜如水，头顶一轮苍凉的蓝月倒影在少年的眼中，那里，有波光闪耀，"要和大家一起活下去——活着，等我回来。"

彼得的身影，在乔伊斯面前渐行渐远，最后化为了月光下一个渺小而凄凉的小小剪影，终于消失在了路的尽头——那里，没有乔伊斯相随的身影。

而后，乔伊斯在那潮湿阴冷闭塞的贫民窟里，听见了人们在议论纷纷，口耳相传——"在东边，有一支贫民部队拔地而起，以被杀王子的名义，向国王举起了宝剑。"

"哇，好棒！"我的面前，小小的彼得大声叫好，而下一秒，却又不可抑制地猛烈地咳嗽了起来。我轻抚着他瘦骨嶙峋的背，心中却也漾起了难以抑制的悲伤。

"奶奶——然后呢，然后呢？"他的眼中闪耀着天真而憧憬的光，"彼得是不是杀死了坏国王，去迎接乔伊斯了？"

我抿嘴，厚纱背后的眼中却难以抑制地涌动着悲伤的潮水："不，你错了。乔伊斯可不会乖乖地听话地在原地等待她的哥哥回来——她去找他了。"

　　乔伊斯收拾包裹，循着起义军的脚步一路北上。上帝许是眷顾这个以嘛哪为生而逐渐成长的少女，因而赐她至高无上的福祉，让她在初秋将至之前得以与彼得重新相遇。她在铺天盖地的金黄落叶中邂逅了那支部队——墨绿色的旗上镌刻着飞鹰的羽毛，那些被生活逼得走投无路的贫苦百姓，在飞鹰之旗下一路向前，坚毅勇猛的光在他们或年轻或沧桑的脸庞上闪耀。在那支队伍最中央的，是她日夜思念的兄长——他坐于白驹之上，漫天的秋光在他身畔洒落，他是荣誉的骑士，亦是果敢的叛者！他仿佛不再甘愿为上帝歌唱颂歌，他举起了剑，冲破了白昼和黑夜！他在云层的顶端，唱响了挑战的歌谣！

　　彼得看见了她，他朝她颔首，露出了骄傲的笑。再一次，他伸出了手——他仿佛有十二分的笃定，足以完成他们在那夜星光下的约定。

　　这支部队如入无人之境，一路招募，一路杀戮，一路奋勇，直直地扼住了巴尔迦的咽喉！乔伊斯为他们的部队而欢欣鼓舞！为他们的胜利而振臂欢呼！为她可敬可爱的兄长而高歌欢颂！

　　然而，好景不长。可以共苦，却永远无法同甘。得到了金银财宝与数之不尽的财富的贫民们，在安逸中满足，在欢愉中贪婪。他们为了一枚金光璀璨的钱币而斤斤计较，大动干戈，为了一串晶莹剔透的宝石项链而将神圣的剑挥向同生共死的战友。

叛，他是叛者，却亦被背叛。

战将背叛了他，军师背叛了他，士兵背叛了他。他的剑起剑落，让曾引以为傲的宝剑上，竟沾染了战友滚烫的血液。他的剑，是冰冷无情的，而他的泪，亦是温热哀伤的。又是一年秋风起，裹挟着枯黄的叶渐渐飘远，而他身边的人，越来越少。

从什么时候开始，在每个如水凉夜，他都无法入眠。他孤寂的背影融于沉沉的夜色之中，他墨绿色战袍上所镌刻的飞鹰之羽亦在夜色中晦暗。乔伊斯会走过去，轻轻握住他的手。然而，这宽广寂寥中的星星之火，又怎么能温暖他逐渐冰封与冷冻的心？他眼中的光芒，愈发黯然。

终于，在秋末之时，城门之下，他们的奇迹部队，终因寡不敌众，全军覆没。

乔伊斯，在最后的时刻，被彼得狠狠推开。她瘦小的身躯落进了灌木丛中，尽管遍体鳞伤，却得以逃脱。而彼得，成为了卑微的阶下之囚，唯一可做的，只有等待着死亡的降临。

"啊！"面前的小彼得惊呼出声，他伸手猛烈地摇晃着我的手臂，晶莹的泪水几乎要从黑曜石般的眼中滚落，"然后呢？他们死了吗？彼得不是魔法师吗，他是不是带着乔伊斯一起逃了出来?"

我微微扬起了嘴角,却只觉得有一行安静的泪,从厚纱背后滑落。原来,时过境迁,我竟还会流泪。

行刑之日,严冬腊月。彼得,那曾经英俊威武的骑士,穿着单薄的白色囚衣,身上斑驳的伤口仍然在淌着滚烫的血液。他的嘴唇干裂,黑发在风中散乱飘扬。而他,却骄傲如故,纵使被缚于十字架之上,却仍然高昂着骄傲的头颅。

得意的君主,骄傲的君主,贪婪的君主,不可一世的君主,在战败的叛者前洋洋得意。他的眼角流淌着狡黠的光,他以最恶毒最不堪的语言咒骂着这勇敢的挑战者。

"愚蠢,愚昧的罪人啊!你怎敢妄自挑战神圣的天道?"

——所谓神圣的天道,难道是无数的百姓在冰冷潮湿的街道之上痛哭哀嚎,抱着死去亲人冰冷僵硬的尸首不知所措,在饥饿、贫困、寒冷与潦倒中潦草地结束一生?

"邪恶、邪恶啊!正义终将战胜你这邪恶的毒蛇、臭虫!啧!"

——所谓的邪恶,会在贫困的百姓潦倒不堪的时候挥手降下一片一片富足雪白的嘛哪,会向不知所措的可怜孩童张开温暖的怀抱,会以自己生命的代价谋求着一个幸福的巴尔迦城!

"吾之荣耀永存,叛者的下场,唯有沦于地狱!"

混匿于人群中的乔伊斯,暗自伸手,轻轻地握住怀中带着温度的匕首。

忽的，那被牢牢捆住的囚犯发出了一声不屑的冷笑。他黑曜石般的眼中重新闪耀出了光泽，那是对罪恶最轻蔑的不屑，那是对未来最深沉的盼望。十二月的风，呼啸着扬起他额前的碎发，昏暗无情的天空之下，他的声音似要冲破这错勘贤愚的天地，直冲云霄之上！

"我们会获得胜利——我们会活下去！乔伊，活下去！"

乔伊斯拔刀的动作微微顿住，她抬起头，透过朦胧的泪眼，最后一次望着那温柔的坚强的少年——她的兄长，她的骄傲，她的救赎！

我们会活下去！

刑场上的少年，最后一次朝她绽开了微笑——如此温暖，如此笃定。仿佛这别离仅仅是弹指一瞬那样短暂，他们终将再次牵手相遇！

"等我回来——！"

等他回来，等正义回来，等爱回来！我们不会死，只要不死，就可以战斗！我们不能死，因为要活！

只有满怀希望，才能活下去！

愚昧的君主，竟露出了惶惶不安的表情。他颤抖着伸出手，以尖利刺耳的嗓音叫嚣："来、来人啊！他的娘们混在这里，快把她找出来！杀了她，杀了他们！"

乔伊斯放开匕首，拔腿逃窜。她在隆冬之中独自奔跑，却仿佛看见了那些再也无法重现的夏日，和彼得牵手奔跑的自己！

她不能死，她要活下去，连着他的份一起！

她会再次遇到他，一定会，一定会的！他一定会回来，会带着他全部的骄傲回来，然后，继续着他未完待续的人生！

正义不死，世界永存。

她毁了自己的容，没有人再认得她。她在孤独与漫长的等待中苟且偷生，在希望中失望，在失望中绝望，而在绝望中，依旧燃起希望。因为，她依旧活着——和他一起活着。

他们会再次相遇！

"奶奶，彼得好厉害！我以后也要做那样伟大的人！"眼前，小彼得黑曜石的眼中闪烁着点点星光，竟仿佛有全世界的星光闪耀。他原本稚嫩童真的目光，忽而变得果敢而坚毅。我仿佛看见了他，在恍若隔世的时光转身之后。

我再也遏止不住自己纷飞的泪，我伸手，抱住了他瘦骨嶙峋的身子。泪水滑过厚纱之后苍老丑陋的面容，我搂着他，喃喃自语："噢，彼得……哥哥，欢迎回来。"

——我在这里，等了你好久。

冬季的雨，还未停住。

而春天，已在路上。

蔡芷芩

建平中学

　　"辫子阿姨去哪儿了?"我问伯母。在故乡那四季飘香的粽子店后,我最后一个问到她。伯母抿着嘴想了一会儿,像是要从泛黄的记忆力扯出这个人来。"哦,"她终于说,"那个长辫子的,该有七八年没看到她了。"

　　那么她那黑黝黝的辫子应该可以绕住她的腰了吧。毕竟在我六岁时,发尾细细的绳就已经调皮地伸过她的手肘了。她常把辫子用手钩过她的胸前,在枣红色的棉袄上投上一道隐约的影子,或是模糊掉上面缝着的硕大的花。再加上当时不多见的小脚裤,她的打扮很漂亮,只是有些不合时宜,在这不再富饶的江南。人人都在劳作,而她却无所事事般四处闲荡。伯母说辫子那么长,干什么都不方便。

　　她第一次跟我说话时我还小。后来我

知道，她是故乡的边缘人。

那时是十二月份，算是入了冬。我坐在屋檐下搓着手，看人影匆忙，等着收新年的红包。她在人流中优哉游哉地走着，长辫子敏捷地晃过一个个急而鲁莽的面容。我看呆了，等我意识到她径直走向我时，那发绳已经落在了我身旁的水泥板上。

我一抬头，看见她笑吟吟的脸："呀，你没事，我也没事。来，我给你讲个故事。"还真被她说中了。反正我不怕生，虽然伯父伯母一早就出了门，但这毕竟是我家门口。你要说，我便听吧。

但我还没应声儿，她就兀自讲开了。

"有一个小女孩，就在像你这么大的时候呀，就认识隔壁家的一个男孩了。"

——你是说对面的牛牛吗？啊？不是。让阿姨说完。哦。

"有一个小女孩，就在像你这么大的时候呀，就认识隔壁家的一个男孩了。她叫他大哥哥，因为他比同龄人都要高。但她生得矮，游戏时总是跟不上别人，就没人跟她玩。但是他不嫌弃她，带她跟大孩子玩。有些孩子嫉妒，他却帮她说话，冲她笑，待她好。当然，他待谁都可好了。

"长大点儿，他越长越高，她或许长了？嗯……或许没有吧。女孩问男孩说，她是不是长不高了。他说，怎么会呢，跟你说，辫子和人是一起长的，看你辫子那么长，以后高过天就不好了。他说话的时候露出一颗小虎牙，可爱极了。啊！你也有虎牙！"

我摸摸我的牙齿，不耐烦地点点头，"后来呢？"

"后来啊，女孩当然喜欢上了那个高个的男孩。男孩也喜欢她，人人都说他们青梅竹马。"

我不懂，但我懂得听故事的时候要问，"后来呢？"

"我想想……对了，后来他们都长大了，就结了婚，就幸福地生活在了一起啊。"她似乎也觉得这个故事太短，凑话似的问我，看过白雪公主没有。我觉得她在低看我，不服气地说，当然看过，就一连串地把童话书上的内容背了下来。

"……最后，王子和公主幸福地生活在了一起。"我自豪地大声念出这句话。她却不再看着我，也不知道在看着些什么，任由辫子垂了下来。这时候夕阳的尾巴恰恰拖过了门前的桥面，有些甩开的光漏在了她的黑眼睛里，一下子就没了。我听见粽子铺的门帘哗啦啦地落下，把香味关在了里面。

"对，就像王子和公主那样。但他们可是打小就认识了呢。"她喃喃地说。我忽地觉得有风了，冷，就回到了屋里。辫子阿姨不是个好的讲故事人。

我上了小学后，鲜少回到故乡。也是回来过的，那便是第二次遇到辫子阿姨。我在粽子铺前排着队。自从一批批张牙舞爪的外地游客尝了这儿的鲜美后，后头排队的人就看不见升起的门帘下的蒸笼了。我一回头，就看见熟悉的辫子，在枣红色的棉袄上晃得刺眼。辫子阿姨还是那么漂亮，游客们花花绿绿的衣着让她不再格格不入，但却像个外乡人。她冲我一笑，明亮的眼睛旁有了浅浅的纹路。队伍很长，我便跟她搭上话。

"你是哪儿来的啊？"明显她忘记我了。

"我小时候就在这里吃粽子啦！"

"哦……"她有些不好意思起来。那满是香味的蒸汽离我们还很远，甚至仍是望不见。"就光等着，也没事干……"我自言自语。她眼睛一亮，扳过我的肩膀："来，我给你讲个故事。反正咱俩都没事干。"我心里偷笑，等着出其不意地接上她的话。

"有一个小女孩，很小的时候呀，就认识隔壁家的一个男孩了。女孩喜欢上了那个高个的男孩。男孩也喜欢她，人人都说他们青梅竹马。

"男孩聪明，念书好。女孩不行。可是那个女孩子很用功，每天放学后自个儿捏着铅笔，看着男孩在窗前玩耍，看一会儿写一会儿作业。她每天晚上总把课本背一遍再睡觉，才睡得踏实，才能和别人考一样的分数。"

一晃到了这里，我便接不上话了，只好静静地听着。

"靠这样，女孩跟男孩考上了相同的初中。女孩更加拼命了，可是不管怎样都不如男孩，还被男孩笑她斗大的黑眼圈。她伤心地哭了。那家伙当然慌了，用袖子去擦，但眼泪哪能擦得干净啊！男孩最后拉着女孩的手把她送回了家。她回到家，偷偷用左手碰碰右手的温度，便再也不哭了。

"男孩考上了城里的高中，女孩没有。她再也见不到他了。男孩高三时父亲去世，没人供他读书……"

"后来呢？"

"哦，他就回到了女孩身边，他们结了婚。虽然男孩学历不高，但也找了个稳定的工作，两人就把小日子过了下去……"

辫子阿姨慢了下来，我往前看，蒸笼快碰到我的鼻尖。

"要什么味儿的？""三个豆沙馅，两个肉的。""来嘞！"

待我左手一袋右手一袋地从人潮中逃出来时，辫子阿姨已经不见了，不知道她买好粽子没有。那故事讲得头重脚轻，不知辫子阿姨小时候功课怎样。这粽子可真香呢！我满足地往回走。

我再次回到故乡时，这片土地已经没落了，曾经欣欣向荣的旅游业给它带来了不可逆转的伤痕。但人家还多，生活平稳下来，像老年人一样。辫子阿姨也老了，尽管眼睛还是很大，但却也把浑浊的痕迹放大了。我是在她家门口看见她的，她就像小时候的我一样，孤零零地坐在房檐下，盯着前方不知道在数些什么东西。我这才知道她没有家人。

"哎！"她叫住我，"你是这儿的人吗？"

"是啊。"我哭笑不得。辫子阿姨的辫子更长了，人也变得更加唠叨起来。"读书了没?""读了,刚上高中。""城里的高中? 好孩子。"我想起她上次讲的故事,犹豫着要不要告诉她现在的高中不像那时那么难考了。

"你在干吗啊?""好久没回来了,就走走。"她便招手要我过去。"我知道你不是小孩子了……来,我给你讲个故事。"这次我倒有点想听了。

"有一个小女孩,很小的时候呀,就认识隔壁家的一个男孩了。女孩喜欢上了那个高个的男孩。男孩也喜欢她,人人都说他们青梅竹马。

"后来男孩考上了城里的高中,女孩没有。男孩高三时父亲去世,没人供他读书,几番周折,男孩父亲的朋友愿意让他读完大学。男孩也不负众望,考上了一个很好的大学,凭着他的努力越来越成功,关于他的消息也常常传回女孩身边。"

她一口气往下说,像准备了很久一样,语速快得惊人。

"赞助他读大学的那家有意撮合他和自家女儿,但是他还想着他小时的玩伴。他大有作为后回到了家乡,和女孩结了婚,凭着多年的资产在家乡定居了下来,他们很幸福。"

我看着她。她看着我。

"很幸福。"她说。这次是她先转身回到了空空的屋里。

"辫子阿姨以前可喜欢给我讲故事了呢。"我笑着对伯母说。伯母对这个边缘的、衣服鲜艳的人不怎么感兴趣,话题便还是扯到了不再卖粽子的粽子铺上。

　　"吃饭了！"伯父招呼道。他看见我，走过来亲切地揉揉我的头发，说："呦，长高了。怎么头发还是这么短。""再长也长不到你那么高啊！"伯父哈哈大笑，和我一样的虎牙露了出来。

　　我忽然想到伯母家境很好，而伯父不然。

　　我好想再见一次辫子阿姨，再听一次故事。不，她功课不好，讲不清楚。

　　或者，来，让我给你讲个故事。

李健皞

格致中学

年轻人走进小屋。那是个很旧的小屋，建在很是偏远的群山中——这并不像一个享誉世界的画家应该住的地方啊，虽然这里环境的确很美，光是看看就觉得有灵感涌现出来——年轻人这样想着。屋里的设置更是简朴，除了一锅一灶，一张旧得看不出原来颜色的小床和桌子，还有和这环境极不相称的一块极大的画板和无数的颜料以外，就几乎只剩下这间茅舍的主人了。可在年轻人眼里，屋内最有吸引力的无非是墙上挂着的一幅巨画：那幅画很"白"，只有寥寥几笔的群山，几点飞鸟，还有些不成比例的芦苇还是杂草，长在可以看到画里其他景色的地方——因为画面实在过于简单，年轻人也看不出来。

老画家开了口："学画？城里那么多拿笔的，为啥大老远跑到这深山里来？"

"老师，您这么说就不对了……"

"行了。我知道你接下来要说什么。现在的人都是这样。说吧，想学什么？"

年轻人的眼里突然迸出按捺不住的神采。

"不管什么，您教我两手就行。"

老画家愣住了。紧接着，他突然大笑起来：

"好！那我们立刻开始吧！不过在那之前，年轻人，请你先耐着性子听我这个老头子唠叨个故事，好不好？"

年轻人感到很奇怪。然而当他看到老画家的眼睛——那不是一双因为沉淀了时间而逐渐变得浑浊的眼，反而突然充满了连年轻人都感到不适的不羁与锐利，仿佛是牢狱中的革命家正紧盯着那禁锢着自己、终将断裂的铁栏一般——便觉得到了嘴边的疑问都消失了，只是把自己的行李都放了下来，坐到了老人对面。

老人眯起眼睛，一边打量着年轻人的脸一边用自言自语的音量喃喃起来。

"那也是一个年轻人，对了，也是像你这样大。他从小很喜欢画画，也的确很有天赋。周围的人都夸他，说这孩子长大了肯定是个极有作为的画家。那孩子也把这些话都听在耳里，并且很努力地学画。"

"孩子一天天长大，他的画功也逐渐了得：一只小鸟，他看一会儿便能记在心里，回头就能画在纸上，连根毫毛都不差。可你知道的，年轻人嘛，总归是傲气的，他也觉得自己画功是很厉害的，但仍然觉得不满足。于是他就去找了当时很有名的一个画家，想跟他学画。画家问他，想学什么啊？他仗着自己有本事，就说：'老师您别客气，我就想跟您随便学两手，回头自己慢慢练，总有一天要超过您。'画家听了哈哈大笑，'行啊，那，你就帮我磨墨吧。'那个跟你一样想学画的年轻人很不乐意，觉得自己被看扁了，但一想到自己将来肯定比老画家有名得多，便忍气吞声地答应了。"

年轻人听到这里，大概猜出了老画家的意思，说："老师，磨墨我也行的。"

老画家仍然眯着眼，似乎对自己的用意被看透毫不介意，继续着他关于故事的回忆。

"这年轻人也的确不错，一般的孩子有他当时那样的水平，是肯定咽不下去这气的。可他忍了。而且他不仅忍了，还自以为很聪明地趁机'偷功'——老人家在画画，他就在旁边装模作样地慢腾腾地磨墨，时不时地往画纸上瞟上几眼。唉，年轻人的这点小把戏，做长辈的要是看不出那不是白活了？可老画家也没说什么，仍旧画他的画。

"不过年轻人看了他的画，也是深感自己仍然欠了不少火候啊。现在想想，当时看的那些画，都给他留下了很深的影响。不过年轻人也没发觉，就借着这磨墨的空子，在老画家身边待了五六年。期间，他除了偷功，还偷偷地看老画家挂在家里的那些画，把那些东西一遍又一遍地研究，直到把上面每一个墨点为什么这样画都自认为弄清楚了，也觉得自己很有了那老画家的风韵，就提出来要走。然而老画家有一幅画是他怎么研究也没弄懂的——那是一幅很简单的画，连年轻人都能画出来，他当然也临摹过，可总觉得缺了东西，缺了什么，他也不知道。"

听着故事的年轻人有些摸不着头脑："就这样真能学到东西？"

"只要有心，你也可以。"年轻人没再说什么。

"老画家也没拦他，临走时就对他说了一句话：'画好你自己的画，你就超过我了。'年轻人当然听不懂他什么意思。这也难怪，手都是长在自己身上的，眼睛和脑子也是，画的当然是自己的画了，难道还画别人的画不成？这老头肯定是怕我把他的本事都学会了，把他的饭碗都抢走。"

听到这里，年轻人更困惑了："这跟我有什么关系？"

"你别急。老人家嘛，说话不着边际一点，也很正常。"

"年轻人从老画家那里离开，靠着他的天资，很快就在业界闯出了名声。人们很快开始把他和其他已经出名的大师们相提并论起来。刚开始他为自己的本事和小算盘十分得意，想着自己马上就可以超过师父，便更加得意了。然而不久他就开始觉得不高兴了。"

"为什么呢？"

"起因是这样的：有一天，他在一本很权威的艺术杂志上看到一篇有关他的作品的评论。那个评论家是年轻人很钦佩的一个人，因为他从来不靠一个艺术家在业界待了多久来评判他的作品。然而就是这样一个人，居然在评论里写着："

'……其艺术风格和他曾经师从多年的某老来说，几乎继承了后者所有的优点。'"

年轻人很想问："为什么?"可他忍住了。

"年轻人很恼火，因为他突然意识到自己还没有超越自己的师父，因为人家说他的画风和他的师父一模一样。其实人家说的是'继承了所有的优点'，也就是说认可他已经比他的师父多了什么东西，但是，唉，年轻嘛，血一涌上头就啥也不知道了，一怒之下决定暂时隐退，等到自己什么时候觉得超过了师父再出山。于是年轻人开始了旅行，为的是找一个能让他远离那些说他和师父像的人们的声音的地方。最后他找到了一个这样的地方。"老人说到这里，用手比划了一下周围，"就像现在我住的地方一样。"

年轻人觉得心里有什么东西被拨弄了一下，像调音师拨动一根琴弦一般。

"年轻人在那里住了很久。他每天做的唯一一件事就是画画。刚开始，他觉得自己的构图和创意都像他师父，到了后来，连每一次落笔都像师父正手把手地教他一样了。这让年轻人十分恼怒，他那时做的最经常的事情就是把自己只画了两笔的东西毁掉，然后对着空空的山谷像着了魔一样地大喊大叫。他是在诅咒他师父呢，还是诅咒他自己不争气呢，抑或诅咒那个一语道破天机，害得他流落到这样境地的评论家呢?"

"年轻人也不知道。"不知怎么的，年轻人突然接出了老人要说的下半句。老人满意地点点头，又接着说下去。

　　"年轻人在那里住了很久，一直到头发都半白了。然而他还是没有超过他的师父。这天，年轻人又毁掉了一幅画，接着狂跑进了山里。年轻人跑了很久，很久，一直跑到连脚都失去知觉，失去力气了，他才突然栽倒下来，重重摔在地上，就这样晕了过去。等到年轻人醒来的时候，天已经完全黑了。他想找路下山，却发现完全不知道自己在哪。本来嘛，像他那样没头没脑地乱跑……没办法，年轻人就找了个能看见天空的空地躺了下来。他看着天上的星星，就那样不停地对自己眨眼，就突然哭了起来。他突然就后悔了，觉得自己真傻，怎么就为了这样的事情，为了自己没能超过那个老画家，把自己的半辈子扔在了这山沟里。他突然就觉得能不能超过自己的师父这件事变得一点都不重要了。本来嘛，人家都说，乡音无改鬓毛……什么来着？总之，年轻人好像突然就开窍了，他就那样看着满天的星星，回想着自己过去'偷学画'的那几年的时光，那是他最开心的时间了。

　　"第二天，年轻人起来四处摸索下山的路。他想找个高处看看哪儿能下山，就一路向上走，没想到啊，这一走竟给他找到了一个地方。哎呀，当时天也刚亮，年轻人就站在那里，能看到的是满眼的青山，一座接着一座，就这么蔓延开去，一直看不到边。而太阳就从那最远的两座山中间慢慢地把头探出来，起初是一点点，后来就都出来了，慢慢地爬到山头。山里的鸟儿们也醒了，有几只从年轻人身边飞过去……"

听着老人的叙述，年轻人虽然不知道故事里年轻人心里怎么想，但，他肯定和那个与他同样年纪的同行一样，被那景色吸引了。

"后来年轻人很快找到了下山的路。他回到屋里，第一件事就是重新在画板前坐定，用他从小就有的那过目不忘的本事——不对，年轻人没有像以前一样画，他只是遵从他自己的手，任凭它只是寥寥地在画布上面勾勒出那一片群山……等他回过神来，欣赏着自己刚出炉的第一幅作品时，他却突然开始狂笑起来了。"不知怎么的，老人也开始笑了起来，并且笑得极癫狂。

"为什么？"

老人咯咯笑着："那是因为啊，那幅画啊，跟年轻人在他师父家里看到的那一幅他研究得最多，也是老画家最得意的那一幅画上的东西，是一模一样的啊！"

两人相视了几秒，继而又爆发出一阵大笑。年轻人也在笑，他明白故事的用意了。

"年轻人，不对，应该是个中年人了，他就又出山去了。在山外边，他又画了很多画，都是很有名的，你应该也看过。不过他很快又老了，又想起来那个山里的小屋，就又回来啦。"

故事外的年轻人点点头，"我明白了，老师，不过我还是要学。"他的眼里已经没有刚来时的那种仿佛在忍耐什么的神采了。

"不过啊，老师，这间房子是您年轻的时候盖的?"

曾经的年轻画家笑了:"不是，当我来的时候它就有了。这屋里的画板啊什么的都是原来的。大概在我来之前，也有什么人在这里住过，画过画吧。不知道他有没有看见过我看到过的日出?"

"也许他还经历过您的故事呢。"现在的年轻画家说。

徐心悦
第二中学

　　黄昏的午后，总是那么的美好。湿润的空气仿佛能凝出水。我走在路上，微微地笑着。口袋里揣着一本书，封面闪着荧蓝色的光，《时间在守望者的路上》。

　　我把它从口袋里拿出来，随意翻了几页，眼前，似乎又浮现出了她，细长却晶亮的目光。

1982.9.15

　　我从她的房子里，带走了她的灵魂。我以为她的灵魂会是坚硬，冰凉的。就如同她的人生。但是当她的灵魂触到我的指尖，我才发现，她是我见过最柔软，最透明的灵魂了。仿佛是流动的水。

　　是的，你们知道我是谁。

我的工作并不只是每天带走一些人的灵魂，我其实更喜欢把他们的故事记录下来。一生的故事。

我喜欢讲故事。

因为这样让我觉得，我似乎经历了他们的人生。

那么，你们喜欢听故事么？

是的，所有人都喜欢听故事。

那么，来，让我给你讲个故事吧。关于我手中这本书的作者。

琼娜·米歇尔的故事。

1938.3.23

故事才刚刚开始。

3月的德国，依然是一个寒冰冷霜的国家，仿佛呼出的气都能瞬间结冰。琼娜·米歇尔。我说过了，是我们的主人公。那时候的她，才仅仅十岁而已，住在汉玛菈大街，一个贫民窟里的一座低矮的砖房里。

琼娜和父母生活在一起。乔治·米歇尔，琼娜的爸爸，是大街上唯一的一座教堂里唯一的牧师。蒂莎·安迪斯，琼娜的妈妈，没有固定的工作，平日里就靠给富人区里的高贵小姐洗洗衣服来补贴家用。

有必要介绍一下乔治和蒂莎。

乔治在第一次世界大战的时候侥幸地避开了我，我以为我会在那天带走他的灵魂，只不过当我靠近他的时候，他的心脏还在胸腔里好好跳着呢。

蒂莎，喔，那个恶心的婆娘，她强大的肺活量完全和她一米五四的身高成反比，通常她的吼声可以让整条大街的人统统听到。

我到现在还记得她尖利的吼叫，还有那一下下打在琼娜头上的木勺。

不过，蒂莎始终爱着琼娜，只不过她的爱是体现在肮脏的侮辱和无情的打骂上了。

回到正题。

当时元首（你们知道我说的是谁）命令所有的德国小孩都必须穿上纳粹的制服上学，必须接受纳粹训练。每天乔治替琼娜穿上制服的时候，眼里总是有些浑浊的情感，藏得很深，但是琼娜能感觉得到，她是一个敏感的女孩。

乔治把琼娜衣服上的最后一颗扣子扣好，拍了拍她的肩，温柔地嘱咐着上学前的最后一句叮咛："琼娜，记得要对所有人说，万岁，希特勒。"

"好的，爸爸。"琼娜乖乖地点点头。

万岁，希特勒。

目送着琼娜走远，乔治轻轻地叹了口气。

身后，传来蒂莎高分贝的命令："乔治! 快过来洗碗，你这头蠢猪!"

琼娜走在路上，"恰巧"遇到了邻居兼好友兼同学的皮特·塞斯翁。彼特·塞斯翁吹着口哨连蹦带跳地跑到琼娜身边。身上，是极不协调的制服，领子还缩在脖子里。

关于皮特·塞斯翁我只想说，更让你恼火的不是让你讨厌的男孩，而是有一个，喜欢你的男孩。

皮特吹着口哨问琼娜："今天你还去不去踢足球了？"

琼娜摇摇头，有些恨恨地说："妈妈让我去送衣服。"只有在好朋友面前，琼娜才会收起她平时乖巧的表情。

皮特有些失望，肚子里一直咕咕叫让他很不舒服，"琼娜，你饿吗？"

琼娜犹豫了好久，点了点头。

自从战争侵袭了德国的上空，食物来源几乎全断了，杂货店里储存的可怜的食物也一日飙升。蒂莎只好做一大锅豌豆汤，不是吃一天两天，而是吃一个月。

今天的早饭，是薄薄的一层豌豆泥。

皮特悄悄地附在琼娜的耳边，"今天会有人开着供给食物的卡车来。我知道他们要在这里停车休息。"

"然后呢？"琼娜恍惚明白了什么。

"偷。"皮特轻轻地吐出这个字。

皮特·塞斯翁，那个面黄肌瘦的男孩，那个身上总是脏兮兮的男孩，第一次教会了琼娜什么是偷。

琼娜有片刻的惊诧，她从来没有想过去偷东西，只是，"偷"在她的脑海里已经挥之不去了。

"琼娜，你跑得快吗？"

快，琼娜想。

"我跑得快。"

她太饿了。

卡车停了下来。皮特向琼娜使了使眼色，便偷偷摸摸地爬进了装满食物的篮子里，抓了一大把，又揣了很多在口袋里。琼娜只是看着，不敢动手。皮特小心翼翼地从卡车里跳下来，没想到撞翻了篮子，送货员猛地惊觉，朝着皮特大喊："你个兔崽子，偷我东西，别跑!"皮特慌忙拉住琼娜的手，"快跑，琼娜!"

琼娜没命地跑起来。

离家还有一英里远的时候皮特停了下来，望了望后面，见没人追上，放心地吁了口气。开始吃口袋里的蛋糕。

琼娜呆呆地看着，肚子越来越饿了。

皮特看见琼娜没动口，又看到她两手空空，眼里似是要挤出水般，便知道了。皮特从口袋里拿出一袋饼干，一块蛋糕和一片黑面包，塞到琼娜的手中。

"吃吧。"

琼娜感激地望着皮特，咽下口水，狼吞虎咽地吞着饼干。

"小母猪，亲一个怎么样?"皮特突然停止咽食，嬉皮笑脸地望着琼娜。

琼娜满意地打着嗝，白了皮特一眼，"滚，蠢猪。"

这样过了几年，我离开了汉玛菈大街，那里没人离开他的灵魂，我必须工作，所以我去了那些战火纷乱的地区，带走那些战死士兵的灵魂。

再次回到德国，是因为第二次世界大战。

汉玛菈大街上的很多人都因为饥饿撒手人寰，我每天的工作量很大，一天几乎同时有十个灵魂被我抱在怀里。

只不过琼娜和皮特并没有饥饿的烦恼，脸色甚至更加红润了些。

你们知道是为什么。

皮特只要一有机会就会嬉皮赖脸地拉着琼娜："亲一个吧，小母猪。"

琼娜只是白他，不说话。

1941.8.21

夏夜，故事到了高潮。

夜里，一个枯瘦的男人顶着羽毛般的头发敲开了乔治·米歇尔家的大门。

我知道，命运开始转变。

那个男人，博库那·艾修，三十二岁。是乔治的忘年交米罗·艾修的儿子。

而他们，是犹太人。

乔治把博库那安置在地下室里，拿了一个衣柜做掩护。

博库那唯一能说的只是：

"对不起，对不起。"

谁都知道，如果博库那被盖世太保发现后果会是怎样。

后果就是，我的怀里，又将多出四个灵魂。

乔治摇了摇头，"这不是你的错，博库那，你和我们是一样的。"

蒂莎只是喃喃的，用一种不可思议地轻柔的语气说着：

"耶稣啊，圣母玛利亚啊。"

很久以前，当乔治还是个年轻牧师，他的邻居米罗·艾修就和他是非常好的朋友，也因为这样，汉玛菈大街上没有一个人愿意和乔治走得太近，只是因为米罗是个纯犹太人。乔治只是帮助米罗刷了一面墙，米罗就被纳粹带走，而当天，我就从他僵硬的身体里带走了他的灵魂。

乔治也因为这样，对元首的信仰开始动摇。

蒂莎不止一次地提醒琼娜，"别说出去，你个小蠢猪，要是说出去了有你好看的！"末了，她想说些什么安慰一下琼娜，不过她没有说出口，只是缓缓地摸着琼娜柔软的金发。

我说过了吗？琼娜是个敏感的女孩，家里骤然的改变让她很不适应，妈妈不再大声讲话，有时候，甚至可以看到她虔诚地坐在床边，祈祷着。爸爸不再微笑，他每天夜里都会去查看博库那的情况，然后，揉揉干涩的眼睛，叹了口气。

最让琼娜好奇的还是躺在地下室不敢轻举妄动的博库

那，她喜欢那个人，即使他有鸟窝一般的头发。他们会轻声细语地聊着过去。有时候，博库那会给琼娜讲一些很久远的故事，就像我一样。然后他们在黑夜里沉睡。

也是在这个时候，琼娜有些明白爸爸当初眼里浑浊的情感了。

一天，风和日丽。正是犹太人游街示众的好日子。

几百个犹太人被捆在一起，用一辆小型马车拉着，那些犹太人的脸上挂着疲惫而木然的表情，肮脏不堪的双手倚着车栏，又似乎是在向路人讨些东西吃。

琼娜不可抑止地想，如果博库那被抓住了，是不是也会是那个样子，颓然无措。

内心突然被疼痛盈满，她从口袋里抓出一把饼干，抛到了马车里。

犹太人像疯了似的，疯狂地扭动着身子，想要弯腰捡那些饼干，仿佛就像是舞台上可笑丑陋的小丑，捡到了就往嘴里塞，绝望的泪水滴在冰凉的地面上。

盖世太保抽出皮鞭，狠狠地抽打着那群可悲的犹太人，直至他们皮开肉绽。我走向前，抱着些灵魂，离开。

纳粹把琼娜拎到马路中间，皮鞋踩着琼娜的脸，迫使她的脸靠在尖锐的石子地上，她感觉到自己的脸在流血，有什么温热的液体从鼻子流到脖颈。

"快喊，你个蠢猪，万岁，希特勒！"

琼娜闭着嘴，没有说话，她可以看到路旁的皮特一脸痛苦地看着她，手握得紧紧的。

纳粹抽出皮鞭，往琼娜身上打去，脸上，背上，大腿上。几乎每一寸的皮肤都受到了鞭子的洗礼，火辣辣得疼，琼娜觉得自己的伤口裂开了，赤裸裸地暴露在空气中。她疼得发疯，我几乎想要上前带走她的灵魂，可是她不给我。

琼娜昏过去了。

当天夜里，一个男人离开了乔治的家，他顶着羽毛一般的头发，默默地走了。

乔治拍了拍他的肩膀，"对不起，博库那。"

"你们为我做的够多了。"

几天以后，琼娜醒了，她费力地转动着受伤的脖子，皮特在她的床边，看到她醒了，大叫着："乔治叔叔，蒂莎婶婶，琼娜醒了！"转而，又面向琼娜，"小母猪，亲一个怎么样？"

琼娜没有白他，只是闭了眼。

因为她知道，博库那一定是走了，因为她的鲁莽，博库那不能再待在地下室里了。

她只是祈祷着，"博库那，别死，求你了。"

几个月后，我在集中营里带走了博库那的灵魂。

1944.5.16

亲爱的听者，故事要结束了。

第二次世界大战即将结束，乔治在第二次世界大战期间被征当兵，然而，又一次侥幸躲过了我，他安全地回到了家乡，见到了自己深爱的两个女人。

那一年，琼娜已经十六岁了。

此时的她躲在地下室的防空洞里写着些什么，是的，我想你已经猜出来了，是我手中的这本书《时间在守望者的路上》。她一天写十页，没过几个月就已经完成了一大半。

皮特依旧每天找琼娜踢足球，只是他们不再偷东西了，当琼娜把饼干抛给犹太人的时候就不再偷东西了。

琼娜有时候在地下室过夜的时候依然会想念那个曾经在地下室里躺着的男人，希望死亡不会带走他。

灾难就这么突如其来。

一份苏联空军手中的名单：

需要炸毁的地点：汉玛菈大街。

那天，我带走了汉玛菈大街里所有人的灵魂，包括乔治·米歇尔，包括蒂莎·安迪斯，也包括皮特·塞斯翁。

唯独琼娜·米歇尔，那天夜里，她躲在防空洞里写着小说，睡着了。

当她从防空洞里被人救出来的时候，冰凉的石板上，躺着乔治和蒂莎的尸体，我站在他们的身后。琼娜扑上去，撕心裂肺地哭喊着，"爸爸，妈妈！"他们不再听到女儿的呼喊。

在墙角边，她找到了只剩下上半身的皮特。她流着眼泪吻着皮特的双唇，"醒醒啊……"

亲一个怎么样，小母猪？

故事结束了。

我讲述了琼娜的故事，即使她不曾留于历史，可是我记住了她，就像是我记住了她的故事一样。

我把书放进口袋里，揉了揉眼睛。

我的故事讲完了。

王 珏
建平中学

　　天空蓝得出奇，万里无云，阳光很干净，令人心情很好。我只要再换一个故事，就可以完成目标，那样的话，明日五更，会有人来找我，授我百年之礼，并带我去往新一世界。

　　我是一个交换故事的人，无忧生存安全法，只待在冬天来临前得以飞升离开。

　　我在村口的梧桐树下遇到了一个老人，他坐在摇椅上吸着一支烟，笑着向我招手。

　　"新来的?"

　　"是啊，老大哥，我要进村瞧瞧。"

　　"别急着往里走啊，这村子里的路弯弯曲曲不好走，没有我给你指点，你只怕越走越远啊。"

　　"那就麻烦您了，告诉我如何过村吧。"

　　"你要去哪里?"

"我是一个交换故事的人，我正要去未来。"

"那你是来对了。这里别的没有，故事倒有很多。"

"我只剩下一个故事了，您可愿意换？"

老人笑了，那声音硬朗得很，像是充满年轻的朝气，有劲却饱经风霜。他抖了抖烟灰，看着摇椅对面的稻田，田垄上除了我俩再没别人。然后他说："也罢，说来听听吧。"

离这里八十里的距离，有个年轻人，正在一个不熟知的陌生村子里想要寻找故事和有故事的人。在那里，他第一次见到女孩。那天是四月，女孩在田野间拔野草，年轻人看到女孩穿着白衣戴着草帽，四周就她一人，于是他大声地喊了一句：

"嗨，这里是十九村吗？"

女孩回头笑，露出洁白整齐的牙，"是啊，没有错。你是谁？以前怎未见过你？"

"我是来这寻找故事的。"

"那你等一下，我带你进村里可好？"

年轻人看着女孩继续干着农活，娴熟的技巧，朴素的穿着，坐在那田垄边等着。风轻云淡，几只小鸟从田垄旁的树枝间飞出来，慌张羞涩地飞到远处的灌木丛处。

女孩干完了活，擦了擦汗，从田野里走了出来。

这下年轻人看清了她的眼睛，明亮而神采奕奕，眼光深邃得直指人心。女孩还是在笑着，她说："你是第一次来这里，就遇上这样好的事，今晚村里有篝火晚会呢。"

年轻人点了点头说真好。

两个人就在田垄边走着。女孩告诉他，十九村非常大，而且特别欢乐，村头的田地和村尾的海滩轮流站岗，一年四季都祥和无事，但是人人都有自己的追求，亲情、友情、爱情，这里都丰富地聚集着，总之在十九村，发生过很多奇迹般的事情，有的人自己造船准备出航，有的人会用口哨吹出埙乐，有的人陷入恋爱，再也没离开过。十九村村头在山脚下，村尾连着一片海，而他们此刻所在的位置正是最安静的村头。

"我很喜欢这里，每年都有各种各样的活动，我好像天生就知道怎么唱这里的歌，怎么跳这里的舞，人们随着篝火摇摆欢歌，所有的烦恼都抛之脑后。成年之礼也是大家一起办的，这一顶草帽是村里的礼物，带着它就可以看到幸福。"女孩一边说一边指了指自己的草帽。

年轻人看了看草帽，脸红地赶紧低头。

"那么，"年轻人问，"可以给我一顶这样的帽子吗?"

"当然可以啦，不知你今年几岁了?"

"我去年成年，今年十九岁。"

"那样的话，你跟着我去参加篝火晚会，我带你去拿帽子。"

春天的风里有一种芳香，温暖和煦地吹着人们善良安静的脸庞。

很快，太阳就落山了。

篝火晚会渐渐开始，随后愈发热烈，人们欢歌笑语，饮酒跳舞，乐此不疲。

"嘿呀吼呀嘿呀喽呀，喜娃啦祝穆，善娃啦祝福，爱神耶和呀，齐来降恩福……"人们的歌声不断歇，从村口的篝火处一直传到村尾。女孩在那里寻到了醉醺的年轻人，正在树下酣睡。

"醒醒，月亮看见你了。"

年轻人睁开睡眼，看到了女孩的脸。他笑着说，这里真不错。

"和我一起跳舞吧，月亮会祝福我们的！你喜欢我吗？"

年轻人赶紧坐起来，以为自己听错了。"什么？"

"你喜欢我吗？"

年轻人低下头想了想，看着女孩的眼睛。

"你是说哪一种喜欢？"

"那种。"

"哪种？"

"就是，那种，男女的。"

"那肯定不啊，我不熟知你呢。"

"那不是那种呢？你是……"

"你希望我喜欢你吗？"

"我希望你喜欢我啊,就像我喜欢月亮那样喜欢我,就像我喜欢十九村那样喜欢我。"

"为什么?"

"因为,我喜欢你啊。"

年轻人低下头不说话了。

已经过了篝火最闹的时候,"嘿呀吼呀嘿呀喽呀,喜娃啦祝穆,善娃啦祝福,爱神耶和呀,齐来降恩福……"但是这歌声,一直弱小地存在着,似乎在村头村尾回荡摆动。他抬头看了看月亮,月亮躲进云层,散出微光,娇柔美丽,那般让他着迷。

"我也该走了。"他说,"五更的时候,我必须要走了。现在已经四更钟,我待得太久了。"

女孩不言语。

"我本来就不该想着滞留在此,谢谢你带我来到十九村。"

女孩抬头看他。"你去哪里?"

"我也不知道,但是我也将要出航去,去海的另一面。"

"好,我这就去取船。"

女孩站起来,一直跑到年轻人实在看不到她了。鸟儿在埋怨地叽喳叫着,从石头后腾起飞进了树。月亮也出来,温柔地照着他。他静静地坐在那里,看着头顶的月光如水一样让他眼界模糊了。于是他也分不清,究竟是什么让他的眼界模糊了。

清光乍现的时候，有人来叫他去海边准备出航了。然后给了他一顶草帽。

年轻人在岸边等着女孩来送他。

就在船要离开的时候，女孩跑了出来。"还不走！快走吧！"

"我在等你。你出来了我就走。"

"等我干什么，快走吧，船要开了。"

于是年轻人也不知道该怎么办，船上的人都在催促。

他挥舞着那顶草帽，看着女孩的脸，一边倒退着向后跑去，一边高声喊着："再见了！再见了！再见了！……"他就喊了这一句话，女孩已泪流满面。

年轻人上了船，和船上所有勇敢的人一起，离开了十九村，再也没有回来。

我接过老人递给我的一杯茶，讲完了这个故事。老人吸了最后一口烟，然后轻轻吐了出来。

烟升如春蚕吐丝，虽散却不断，像极了人世的念念相续。

"你几岁了？"

"不多不少，九十九了。"我说。

他也开始发笑。"果然如此啊，那个年轻人就是你吧。"

我看了他一眼，笑着点点头。

"孩子啊，百村不是这么好进的。你经过了所有的村子，零村、一村、二村、……五十村、五十一村……九十八村、九十九村，就只有这一件事，你还是放不下啊。"

"您是谁？怎么知道我的事？"

"我也是个换故事的人，只有一个结，所以迟迟没有离开这里。"

"来，告诉我您的故事吧，我们一起解脱。"

"解脱？哈哈哈，我要是想要解脱早就能走了。来这里的人也不少了，他们都走了，我还在。"

"什么意思？"

"你也完成了，你是第三百二十个换梦人。但是，你真的要走吗？"

"我不愿再烦恼了，我要成功离开，否则我将继续痛苦不安，当年我没有勇气，但是这件事扰乱我每一天的精神，我一定要了结！"

"不，"老人摆摆手，"人生并不是一场有穷尽的马拉松。每个村有每个村的故事，你一定要经历这些，你才可以走到这里来。我每天都坐在这里，但是对面其实根本什么都没有。我们做着非人类的事，走着人类的路，体验人类的情感，这些是必须的经过。但是，后悔和疼痛是好东西，它们的的确确让你心里痒得很难耐，但是它让你脆弱，它让你不完美，人总该认识到这点。"

我听着他讲，仿佛在听一场洗礼。烟头烧到了底，只剩焦黄的短短一截。

"来，我给你讲个故事。"他说。我看到了他眼里的光，闪亮如昔日的女孩。

"很久很久以前，曾有一个船长要挑战自己的极限，他挑了一个晴朗的天气，只背了一套降落伞，从高空的飞机上跳了下来。他在空中自由地飞了四分多钟，几乎快要燃烧自己，然后他想，我要再努力一点，于是过了十二秒，他才终于打开了降落伞。他是见过海浪的人，他无所惧怕，他只为了认认真真地体验一番生命。他对所有事物都说好，他看待一切都是那么乐观向上。他不惧怕死亡，他也不在乎昨天到底是否有什么事使他受伤，因为他是如此地热爱自己生命的历程，他不担心自己是否能活到一百岁，他只知道，无论如何，他所拥有的回忆和他热爱的日子们，共同地构成了此时此刻的他。那么，孩子，告诉我，你真的放下了吗，你真的准备好，要走向新一世界了吗？"

"我们都是换故事的人，没错，我们只是换梦人，梦是我们自己在做。然而，人总有一刻是无比满足于现状的。您呢？您也是如此吧？"

"我有我的故事，谁都有心疼的地方。谁也知道的，故事本身并没有什么，重要的是，它的确感动了你，它的确让你为它流泪过欣喜过，那么好了，其实我们都明白，终有一天，所有的事情都会被死亡抹去，你的这具皮囊也将羽化，而历程呢，周遭的这无常的世界，对面那些没有生命的风景和曾经鲜艳过的存在，他们都在延续，永远在延续。这就是我们的故事，我们也将传给后人的故事。这村子叫百村，百年之村，除了我在守候，在等你这样的人，在授你礼，再也无人过往居住了。"

老人这样说着，我看到了他脸上比刚刚似乎又多了一条皱纹，毕竟是岁月留痕。这个船长，我也该对他说再会了。

走吧，走吧。他困了。

"瞧吧，已经五更了。径直走，不要回头，你就可以去往新一世界了。"

我走过那些粉尘，那些别人存在过的往事如烟，新世界像个温暖的天堂，像桃花源一样安详宁静。

我似乎想通了什么。于是我回头，看到了女孩在田野里当初如一的笑容，灿烂如四月。她轻轻地说，要歌唱，你就歌唱吧。

我跑到树下，老人笑着向我招手。

他点起一支烟，对我说，来吧，我给你讲个故事。

刘 悦
交通大学附属中学

夜雨滂沱，透过轿车的挡风玻璃，只能看见一闪一闪的路灯在巷子口。

暴雨已经让老城区的下水道系统彻底瘫痪，有些积水甚至漫到了行人的膝盖。而大雨却毫无颓势，一点要停的迹象都没有，灰色的夜空弥漫着绝望的气息——如果它就这样下个不停，这座城市迟早会被淹没。

"来，我给你讲个故事。"

说这句话的、那个依然在泥泞的人行道上漫步的老乞丐，别人都称他"四叔"，据说是因为在家的辈分排行。四叔估摸有六七十岁，没人知道他是什么来头，听口音，应是淮南人氏。他行迹无踪，虽然没人知道他晚上在干什么，但白天总能看到他在老城街区行乞——他每天的路线都是固定的，和城管大队也是熟面孔了。

四叔和别的衣衫褴褛的乞丐不同，他虽衣着朴素，但大体还算干净整洁，冬天也有棉衣御寒，倒也没有那种可怜兮兮的感觉。他会拉凄惨的二胡，也能吹欢快的唢呐，还有一把唱戏的好嗓子，淮剧唱得字正腔圆，纵然是戏班弟子也未有几人能出其右。镇里有些人很欣赏四叔，每次看见四叔都会多给几个钢镚。

四叔眼神迷离，听说是年轻气盛时和村里人起了冲突，大打一架之后落下的病根，年纪大了，视力也衰退得厉害。四叔后来一气之下离开了故乡，一走就是几十年。不知道是他不愿意回去，还是故土早已容不下他。这也难怪傍晚时分他会坐在一个固定的岔路口边上，弹着电视里评弹艺人用来奏乐的、现在的中学生已经叫不出名字的琴，每当周围几个学校的学生放学时，他会摇着老铜碗，里面零星的几枚硬币发出参差的摩擦声。新生会关注他一阵子，而引以为常的学长学姐往往选择视而不见。

我觉得他也怪可怜的，一大把年纪，没有子嗣为他养老，为求温饱还要上街乞讨，偏偏选择学校附近——被学校禁锢了一整天的中学生一听到放学铃就像鸟兽逃散一样，三三两两结伴去附近的商业街休闲，钱包本来就不鼓胀，更没有理由去施舍一个每天同一时间都能见到的老乞丐了。

四叔时常会对路过的学生招招手，说："来，我给你讲个故事。"可惜没有人搭理他。

我已经从这间中学毕业十年，如今是一家报社的记者，尽管不是什么知名媒体，但也算是体面的工作。小镇虽不是山区农村，但也就是一般的县城，这里的青年大多中学肄业就去务农或者进城打工，经济不算发达但居民都能安居乐业，对这比上不足比下有余的状况也并无不满。

我现在负责的专栏正面临着被撤出版面的境况，这段时间一直心情低落，如果我没有能力起死回生，我手下的三个文编都要和我一起下岗。他们还那么年轻，满怀理想的朝气。

在这个世界末日般的暴雨之夜，我看到了许久未见的四叔，这突然激起了我的灵感——如果写一篇以四叔和他的过去为主线的报道，至少小镇的读者都会很感兴趣，说不定总编辑会改变主意……我越想越兴奋，摇下车窗，狂风立刻从窗外乘虚而入，被吹乱的头发像深黑的泥泞一样在我眼前飘拂，我却顾不了那么多，伸手招呼："四叔，快进来！"

四叔像看到天使一般激动地看着我。其实他也算是陪伴我长大的人物了，我依稀记得小时候在巷子口看到他在拉二胡，曲调悠扬，可惜胡琴实在不济，似乎马尾做的拉弓已经很多年没有受过松香的滋润了。那时候的四叔走路的步伐还很稳定，像个精干的小老头，而现在我已经长大了，变成一个肩上有责任要扛、可以独当一面的大人，四叔却老了，走路开始一瘸一拐，看报都要备一个斑驳的放大镜。

而今天，却是我第一次称呼他的名字。

"四叔，您住哪啊？"

"住？你是说睡觉的地方？"四叔一边用毛巾擦拭身上的雨水，一边不紧不慢地回答我的问题，"我每天在桥洞底下过夜，今天不行了，不过老城这么大，上哪还找不到一个过夜的地方呢？"

"您……您结过婚吗？"

"哈？"四叔抬起头，笑笑，"老城姑娘水灵灵的，哪有愿意嫁给我的呢，哈哈。"

我听着这样的回答觉得很揪心，我本来有很多想问的问题，但只是随口问了两个，便如鲠在喉，不好意思再细究下去了。

"没事，小姑娘，四叔给你讲个故事吧。"

"好的。"我咽下一口冷气，前方堵塞的车辆逐渐开始挪动，我也紧跟其后，慢慢踩下了油门。

"从前在南国的一个小村庄，流传着一个传说……在村庄中央的湖底住着一只怪物，会在夜深的时候跑出来，侵扰村民。这怪物力大无穷，村民根本不是它的对手。每天晚上，村子里都会死一个人，村民人心惶惶。后来，一个别村来的道士告诉村民，这怪物唯一的弱点是惧怕火光。村民们一入夜就点燃所有灯火，怪物果然没有再出现过。后来这怪物像是凭空消失了似的，就算村民们忘记点火，它也不会来攻击村民。于是随着时间慢慢过去，村民们不再家家彻夜点灯，只有村庄中央的祭坛还保留着这一习俗。"

"你觉得这个故事怎么样？"四叔问我。

"呃……这要怎么讲？"我完全没想到四叔会突然停下，抛出这个问题，"我觉得很有中国民间的特色啊，人们用传说来解释约定俗成的习惯。当然也是个不错的构思，情节再向后发展一下，可以拍神鬼题材的影视作品，或者写成民谣音乐，能最好地发挥这个故事固有的一种荒诞的气氛。"

"你不好奇这怪物的来历吗？"

"当然，听过故事的人都会好奇。"我差点忘记自己当初学的是文学专业了，"而且它为什么要躲在湖底，为什么惧怕火光，为什么消失，还有那个道士又是什么来头，都是可以勾起读者兴趣的。"

"小姑娘不简单，一个普通的故事还可以变成这么庞大。不过……要是写到最后，出现矛盾怎么办？"

"四叔，这您可问对人了。"我渐渐找到了自己和四叔的共同语言，"我在报社工作，现在的读者根本不关心新闻的真假，只要够猎奇，就算哗众取宠也好，能吸引人读下去的文章才是好文章。故事，只要有趣就够了。"

"是啊，呵呵，故事，只要有趣就够了。"

四叔安静了一会儿，我想他也累了，大雨还没有停下的意思，而道路上的塞车也没有一点好转。我在学生时代就和周围人一样，冷落、无视四叔，心里认为和别人做一样的事情哪怕是错的，只要人够多，错的也算是对的。何况我也没有伤天害理，只是活该被谴责的冷漠心理罢了。而现在的我有些后悔，四叔只是孤单了太久，想得到倾听，也不知道是他家乡的传说还是夜梦里的荒诞罢了。这样小小的愿望，却是这么多年都没有人愿意花个几分钟时间去满足的。

在离开家乡去大城市念书的时候，我也有过这样被忽视的感觉，游子在外漂泊的离愁更添色不少——最直接的表现，就是我中学时认为那些宋词元曲都是在扯淡，现在却真的懂了"断肠人在天涯"一类的感受。

"中国人写故事就喜欢那些妖魔鬼怪呢。"四叔又开始和我说话，"其实这些又有什么好怕的呢，古代农民起义都喜欢搞点迷信来招揽人心，这套在现代社会可行不通。照我看，最可怕的还是人心，人和人之间的猜忌啦、怀疑啦，看也看不穿，万一有一天你最信任的人倒过来插你一刀呢？你也说不准，想想也觉得可怕。"

"是啊，我本来今天还打算着，要写写您的故事呢。不过，我没想到您这么健谈，还这么有思想深度。"

四叔摇摇头，苦笑着看我，我是透过后视镜看见他沧桑的面孔的，在这样的一张脸上，他的笑容该多么让人欣慰啊。

我趴在方向盘上，今夜的拥堵注定不是一分一秒的事，索性专心听四叔讲讲他的故事。我想像今夜这种时候、像我这种听众，四叔应该渴盼很久了吧。

"那怪物平时潜在湖底，因为他生性喜水，水火不容，所以遇到火光只能跑得远远的。你有没有想过，为什么妖魔鬼怪都喜欢攻击人类呢？人类的力量纵然微小，如果没有什么足够吸引攻击的特质，也不会成为众矢之的吧？其实，湖底怪物嗜好的，是年轻的人类特有的味道。人的生命很短暂，韶华白首不过须臾转瞬，所以年轻的那几年才显得越发宝贵。不像四叔这把烂骨头，老而不死，是为贼矣！"

我听着很难受，却不知道怎么安慰他。

"不过上天是公平的，不会让人白白老去的。只要心态积极，也能活出年轻人的心态呢。"四叔的语气突然变得欢心，"有人告诉我啊，只要和一个年轻人独处上一段时间，不用很长，就三刻钟左右吧，我就可以啊……回到年轻！"

我一惊，不明白四叔最后一句话是什么意思，可还不及细细琢磨，我的脑袋像被重物猛击一样疼痛不已，渐渐失去了意识……

醒来的时候，我并不是在驾驶座，而是轿车的后座。还没来得及反应过来到底发生了什么，我看到车窗外，站着一个和我长相一模一样的女孩，连身上穿的衣服都是我今天早上穿去上班的服装，脚蹬同一双靴子踩在泥水里，而此时大雨已经停了，积水的水位正在缓缓下降。

"从今天开始，你就是四叔了。"

我惊恐地望向轿车的后视镜，眼前的一切，我唯一的反应是惊声尖叫。

"你现在可是四叔，稳重一点好吗？"女孩微笑着说，"不过，你也别怪我。我以前在镇上可是戏班子里炙手可热的新星，师傅说我再练个几年，不可能不红的。哎，谁让我爱听四叔讲故事呢？你也别难过，你不是知识分子嘛，读过那么多书，一定能很快脱困的。你自己也知道的嘛，故事，只要有趣就够啦，嘻嘻。"

到了雨季，老城的空气里永远弥漫着阴湿的水汽。一个眼神迷离的老乞丐，仍然在大街小巷四处徘徊，摇着手中斑驳的老铜碗，零星的硬币发出参差的摩擦声。没有人知道他的来头，只知道他一天到晚只会和过往的行人说一句话：

"来，我给你讲个故事。"

倪羽裳

金山中学

——摘自玛丽梅尔小姐的日记

1995 年 10 月 26 日。

圣彼得堡的清晨氤氲在露水清香与玫瑰香味中。

克里索大桥边的第二栋房子就是我家，花园里的玫瑰刚开不久。折一枝昨夜偷偷在晚风里开放的玫瑰，用前一天的《圣彼得日报》包着茎秆。我看见淡绿色玻璃窗里的我，嘴角挂着一丝微醉的笑意。快入冬了，我第一次从柜子里取出那块棕红色披肩走出了院子。这条披肩是母亲织给我的。披肩角上清晰地用墨绿色的线绣着我的名字"Mary Mayor"，是好看的花体英文字母。"M"最后向上翘起的一笔弯得恰到好处。

"耶稣疗养院"坐落在圣彼得堡最边缘的地方，再往前就是北山了。

这天是周日，交完杂志的稿子得了空便想来这看看。

我对外的职业是专栏作家，但我更喜欢我的副业——耶稣疗养院的护工。

说起这护工的由来有些复杂，还和我的母亲脱不了干系。

母亲先前是圣彼得堡有名的好手艺的裁缝师傅。从小到大，许多漂亮衣服都是她给我做的。印象最深的应该就是母亲戴着一副金边圆框眼镜眯着眼睛，在青花布上量着尺寸。他们都叫她"路易斯师傅"。

这条棕红色披肩是母亲在我十八岁成人礼上送给我的，用的是上好的料子。她细心地在披肩角上绣着我的名字。后来的日子，我都一直戴着它。不曾换过其他披肩。

"我叫玛丽。"这是我第三十六次担任这个老人的护工了。但每次我都要向她介绍一遍自己。

"你好，玛丽。"眼前这个老人半睁着眼睛，沙哑的声音拖着长长的尾音。

她时常是清醒的，又时常连我是谁都记不得。医生说这是老年痴呆，我常常和她聊天，发现她并不是什么都不记得了。她总是喜欢给我讲故事。

"过去的事情我都不记得了，可是就是突然会在脑海里浮现一个情景，我不知道那些故事的主人公是谁，但这些故事就是这样神秘地待在我的脑袋里，时不时地跳出来一个。我想我得把这些故事告诉别人，不然我怕自己最后一个故事都跳不出来了。"眼前这个穿着病服的老人躺在床上，流利地说出这段话。说这些的时候，她让我把耳朵凑过去，说话声音也是轻轻的，生怕被别的人听到似的。

每一次我都乖乖地把头伸过去，听眼前这个脑子里满是故事的老人讲。有时，会一边削着一个苹果听她讲。时间长了，她忘记讲过这个故事了，便会再一次地跟我讲起这个故事。像那个"那年冬天一个女人孤身去莫斯科"的故事我已经听了不止三遍了。

有时我会提醒她换一个故事说，但有时我明知道这个故事讲过了还是想听她讲一遍，再一遍。总觉得，每一次她讲时的感情都有一丝不一样。

和她打完招呼，我拿过柜子上的那个玻璃刻纹花瓶，里面的水蒸发得一滴不剩了，一个星期前我放进去的那株矢车菊已经败得不成样子了。我取出它，加了瓶子四分之一的水，打开用报纸包着的那朵新鲜的玫瑰，小心地把它放进去。

拉开窗帘，有阳光洒进来，落在玫瑰花瓣上，娇艳的玫瑰红仿佛唤醒了整个白色病房的生气。

"玛丽，你喜欢玫瑰吗？"她看着我用微弱的声音问道。

"我母亲喜欢玫瑰。所以家里院子里种了许多。"我摆放着花瓶的位置。

"我印象里有个女人好像也喜欢玫瑰花。嗯，我也觉得它比原来那朵好看多了。红色，多好看啊。"她望着花瓶里的玫瑰，眼角有一丝笑意，像是在欣赏一个刚出浴的美人。她看玫瑰时的眼神真是好熟悉。

这时她注意到了我挂在衣架上的棕红色披肩："哇，好漂亮的披肩。"

"红色很漂亮吧？"我好像肯定眼前这个老人很喜欢红色的样子，得意地说道。

"对啊，真漂亮。印象中有一片枫叶林，就像这条披肩的颜色。应该还要漂亮吧。"

"你是说北山后面的枫叶林吧？"我试着提醒她。

"唔，记不得了。好像是有的吧。"

"下次我向疗养院申请，带你去看看吧。"我欣喜地说。

"这样好吗？"她有些胆怯，对于外面的世界。她已经很久没有走出过这家疗养院了。即使走出去过，她或许也不记得了。

"嗯，算你答应我了。我正好也想去看看呢。"我笑着说。

"嗯。好吧。玛丽。"她微带笑意地望着我。

皮肤皱簇着，病床前贴着她那张信息表。

"路易斯女士，167 号床。"

1995 年 10 月 30 日。

昨天晚上没有睡好，做了一个很长很长的梦。

或者说那并不叫梦，只是梦里出现了一幅很大很大的画幕。

画幕上是不断变换着的图像。一幅巨大的白色画纸，在画纸的十八分之一大小的中央，有一个穿着大红色连衣裙的女人，纤细的手臂向上伸去，手指纤细弯曲的弧度恰到好处。另外的十八分之十七的大小是一面巨大的湖，湖面结成了薄薄的透明的冰，她右脚踮着脚尖，左脚向后扬起，像一个芭蕾舞演员。但我清晰地看见脚尖下的冰面出现了一丝裂缝。冰下是深深的阴暗的湖水，有一缕缕飞扬的黑色水草，像一只只魔鬼的手，向湖面中央伸去。视线又慢慢后退，这幅画太大了。最后只能看见一面大大的结冰的湖面和画纸中央的一粒小红点。那情景里，没有阳光，漫天的乌云和冷风。

被吓醒，紧紧地抓着被角，睡衣背后湿了一大块。汗水使额前的头发一缕缕贴在皮肤上，很不好受。我冲向卫生间，看着镜子里女鬼一样的自己，打开水龙头，看着清澈的水哗哗地涌出来。这水里，没有黑色的水草。

这是多么患得患失的梦，我总想抓住梦里那个穿着红色连衣裙的女人，或者朝她大叫一声让她快点离开那里。可是在梦境那个空间里，声音是不复存在的东西。语言都无法挽救那个红色连衣裙女人。

这好像是一个不大吉利的梦，好像在跟我预示着什么。

但想想也是，我也是多么想找回她，不要让她从我的世界里消失啊。

只可惜，我早已从她的世界里消失了。

1995 年 11 月 16 日。

周日一清早，从门外塞进来的《圣彼得日报》上看到"北山枫叶满山"的字眼。我想起与那个老人的约定，便早早出门了，依然披着那条棕红的披巾。

耶稣疗养院里是往常那副冷清的样子，和疗养院的人开了条子，我便领着她出去了。

这一次我走进病房时她竟然还记得我的名字，让我惊讶了好一会儿。因为往常没有一次她是记得我的名字的。

"玛丽，你来接我了吗?"她望见出现在门口的披着棕红色披肩的我用有些期待的声音说道。

"是啊，路易斯女士。你竟然还记得我?"

"年纪大了，谁也记不住了，但我记得你身上那条棕红的披肩。"她抚摸着我身上的披肩说道。

"路易斯，我跟疗养院的人都说好了，我们现在可以出发去那里了。"

我又一次在她的眼里看见她上次望着那玫瑰时的炙热眼神。

　　下意识地朝柜子上的玻璃花瓶望去，瓶子里依然竖着那枝玫瑰，只是颜色有些黯淡了，变成了暗红色。

　　我扶着她走出疗养院的大门时，她回头望了一眼"耶稣疗养院"的牌子，没有说话，便静静地在我的搀扶下向前走去。她好像是在和它静静地短暂地告别。

　　坐在车子上，她靠在我身边，每隔五分钟便不停地对我说："玛丽，我们到了吗?"然后每次我都笑着对她说："路易斯女士，快到了。"

　　路上她又给我讲了一个故事，这个故事我从来没有听她说过。

　　"我想起来有个女人穿着自己做的晚礼服参加一个晚会，她做的衣服很漂亮，而且是独一无二的。舞会上，她成了最耀眼的一个。这个晚会她是为了一个男人而去参加的，那男人好像是她的丈夫吧，叫 Jashon Mayor，他获得了那城里最年轻商业精英的称号。可是糟糕的事情是，后来那男人到处招蜂引蝶，再后来带着财产和别的女人去了莫斯科再也没有回来过。留下这个女人和她的女儿在这里。"

　　我静静地听着她讲，好像是在听她叙述一件已知的事情一样。

后来我又听她喃喃地自言自语道："那女人真是可怜。"

"路易斯女士，我们到了。"

我扶着她缓缓地走下轿车，两个人缓缓地向山上行去。

这天风很大，我取下身上那条棕红色披肩打算给她披上。

但是被她拒绝了："玛丽，虽然我不知道为什么，但我总觉得这披肩就是应该披在你身上。给别人戴是不祥的。"

我半信半疑，但最后还是把披肩披在了她的身上，一边说着："哪那么多不祥的事儿。"

我们一直向上慢慢地走去。

终于，远远地望见了那片火红火红的枫叶林。

满山的枫叶，有的在树枝上静静地悬挂着，有的静静地躺在泥土里，有的拖着轻轻的身体在风中飘着，好像要流浪去另一个地方。

"玛丽，快看啊。多美的红色啊。"她望着那迷人的红色久久地伫立着。

她突然发了疯一样地哭吼起来，她紧紧地抓着我的手，嘶哑地哭吼着。

"玛丽！玛丽！我的玛丽！"

一时间我明白她是想起我来了，泪水不禁在我眼眶里徘徊着。

"玛丽，你在这玛丽，你在这！"她紧紧地抱着我。

"我就是那个女人，我就是那个可怜的女人啊。"她不停地哭着。

我轻轻地拍着她的肩说："我们去看看父亲吧。"

突然说的话好像触及了她那根敏感的神经线：

"他，他在这里？我不要见到他！"

我指着前方第三棵枫树对她说："他就在这里。前年他就回来了，他回来找我们。他得了病，说对不起我们。那时候你已经记不清了。"我说着哽咽着。

她挣脱开我的手臂，径直走向那棵枫树。她重重地坐在那堆枫叶上，我不敢走近去看她。

过了很久很久，天色都暗了，她还是坐在那里，静静地坐着，没有哭没有叫。

我走过去，看见她眼神是呆滞的。

我轻拍她的肩："妈。"

她突然被我的声音从某个空间里抽回，呆呆地望着我：

"妈？你是谁？这里是哪里？"

泪水一瞬间决堤而出，我转过身，擦了擦满脸的泪水。

转过身，笑着对她说："我是玛丽。你的护工。我陪你来这里看枫叶的。"

她缓缓地站起身来。

我扶着她向山下走去。

她喃喃自语道刚刚做了一个梦。

走到山脚下的时候，她对我说："玛丽，我给你讲个故事吧。"

1995年11月18日。

是的，她时而清醒时而糊涂。昨天是我第四十一次装作是护工去照顾她。她还是向第一次一样问我是谁。我又是第四十次对她："我叫玛丽。"

我宁愿她不记得过去那些痛苦的事情。我宁愿我只是一个护工。

昨天她第四回跟我讲那个"那年冬天一个女人孤身去莫斯科"的故事了。

我推着坐在轮椅上的她，我把棕红色的披肩盖在她的膝盖上。

她又一次地夸赞说："这披肩，真好看。"

我又一次拿着玫瑰来看她，她又一次地说起"印象中有一个女人也喜欢玫瑰"。

她是忘记了，那个女人就是她啊。

那个在冬天孤身一人去莫斯科找她的丈夫，想告诉他她有了他的孩子，想叫他回来的女人就是她自己。那个在俄罗斯街头的寒风中瑟瑟发抖的女人就是她。那个在窗户里看见自己的丈夫和别的女人一起温馨地吃早餐的女人就是她。

呵呵，幸好她都忘记了。

1996 年 1 月 1 日。

新的一年到来了，那日我扶着她走出这家"耶稣疗养院"，果然只是短暂的告别。这日清晨，圣彼得堡的上空，有一轮火红的太阳，十分温暖。克里索大桥下的克里索河结的冰在慢慢消融。我折下那最后一朵即将枯萎的玫瑰。

耶稣疗养院里一条新闻像病毒一般流传着："167 号床，路易斯女士于昨晚 23 点 59 分离世"。

最终她都没有熬过这个 1995，最后的一秒钟都没有熬过。

真像梦中的那幅画一样。

最终那个穿着大红色连衣裙的女人在克里索河面的冰消融前离开那里。

她那纤细的手臂向上伸去，手指纤细弯曲的弧度恰到好处。另外的十八分之十七的大小是一面巨大的湖，湖面结成了薄薄的透明的冰，她右脚踮着脚尖，左脚向后扬起。她没有被脚下的水草拖入那阴暗的湖底。她去了天上，一个幸福的地方。

我望着那张床，仿佛依稀听见她的声音：

"玛丽，来，我给你讲个故事。"

1998 年 10 月 26 日。

我回到北山后面的枫叶林，又是一年的红。

在第三棵枫树下，轻轻地放上两枝新鲜的玫瑰。

身上，依然披着那块棕红色的披肩。

那日／我看见／北山后／那片枫叶林在跳舞／

那日／我看见／枫树上／一只老斑鸠在佯装游泳／

那日／我看见／山脚下／那片死湖里的水草疯狂生长／

那日／我看见／天空中央／一团火焰在剧烈灼烧／

那日我看见一双眼睛／充盈着炙热的眼神／

远远地向我走来／像一阵掠过枫叶尖的风／

远远地听见你对我说／玛丽／来／我给你讲个故事／

我念着要去看那山后的枫叶林／摇摇头说要走／

你恳求我／说／这故事很短／不长／不长／

我看见那双眼睛／美得像／汪洋／

于是在山坡上坐下／听／远远的／

你／讲／

一

"这里真黑，真是让人难以习惯。"金属质感的声音抱怨着，声音里有一些难以被发觉的杂音，"已经过了几天了呢？"

——半个月了吧。我心里默默地想着。

"大概还不到一个星期。"我慢悠悠地回答他，懒洋洋地窝在角落的黑暗里。

"他最近一定是太忙了，要知道，他可是一个多么热爱自由的人啊。想起来，不知道是几年前了，他和我一起在法国，那里真是美啊……"

黑暗让他周身的光芒都暗淡了下来，我至今没有见到过他的全貌，但可以想象应当是张扬热烈的——和他喋喋不休，天真热烈的性格一样。

我们本来不应该遇见。

二

我是被吵醒的。

"嘿，朋友！你个子真大！你可以叫我莱纳，今天过得还好吗？"

"还凑合吧，谢谢，莱纳。"

"你真好相处，比我以前遇到的许多都好太多了！托马？我可以叫你托马吗？"

"如果你想这么叫我的话，可以。"

"你听说过威尼斯吗？"

"当然。"

"哦，我爱死那片地方了，我爱它的每一个角落，它令人震惊！那里的阳光好像比我去过的所有地方都要美丽，黄昏的时候阳光把每个角落镀上金黄，映得满城的河流更加妩媚起来，那里有着艺术品一样的建筑和美丽的街道，那里有极漂亮的玻璃风铃，那里的人们也十分的热情友善，那时候我的心总是被他装得满满的，暖暖的，所有见过我的人都夸我漂亮。"他的声音这时染上一些不同寻常的骄傲和自豪，"他带着我坐小船，和船夫聊天，和我一起去餐厅吃烤饼，我们一起和意大利人过狂欢节——他们的衣服你见过吗？"

我沉默了一会儿："没有，我并没有去过那里，他们的衣服，嗯，怎么样？"

"哦，那美极了，面具，晚礼服，头饰，就像中世纪。"

在黑暗里我也能看见他娇小的身躯上在闪光，我忍不住打断他："你喜欢欧洲？"

"是的，那里是我和他一起去过最美的地方。"

我在心中暗暗地叹了口气，"欢迎你，莱纳。"

"谢谢你托马，我感觉我的心脏没有那么空了。"他的声音里有着我从来没有直面过的阳光。

这是我第一次遇见他的时候。

三

"有关亚瑟？为什么突然提起他？"

"因为我们说到了英国啊，唔，大不列颠哈哈……"

"嗯，有关于他的事情，知道一点。"

"啊，一个不懂人心的王者和一名摇摆不定的皇后，一个在忠诚和爱情中挣扎的勇敢骑士。"

"嗯，一个悲伤的故事。"

"嗯，一群矛盾可悲的人。"

"他和你一起去的英国？"

"是的，这个故事是他告诉我的。无论是他还是这些人都被束缚得太多了，不过他并没有告诉我结局。"

"他是一个怎么样的人？"

"他热爱自由，想当一名摄影师，他总是能把倒影在他眼睛里的世界完美地表现出来。"

"刚刚你说，他被束缚得太多?"

"是的，我总是听见他父母在电话里先是苦口婆心地劝告，然后就变成了伤心地吼叫，他们并不希望。"

"那他自己呢?"

"刚开始在欧洲的两年他们的矛盾还没有这么激烈，那时的他虽然潦倒，不过好在还幸福。"

所以你最喜欢欧洲吗，我在心里默默地想。

"我们在英国的时候不知是什么让他回国了。"

"所以……"有些话总是说不出口。

"啊。我快想不起来被填得满满的是什么感觉啦，我的毕生目标就是让他开心一点，不过我能做的都已经做了啊!"

我犹豫了一下，还是开口了

"你还记得你是谁吗?"

"嗯。"

四

"咔嚓"。

门开了。有一个人走了进来。

我算了算日子，整整一个月了，这个月过得真快，是因为有莱纳的喋喋不休吗?

已经不知道有多久这个小黑屋子里没有一点声音，只有我一个还活着。

许多天不见他，他有些疲惫，不过精神还算是很好。

我回头看莱纳，他睡着了，还没有醒，这是我第一次看到他的全貌，我有一点吃惊。

他把我搬出屋子，关上门，一言不发地让我开始工作，好吧。

于是我"轰隆轰隆"地卖力工作着，这下莱纳总应该被吵醒了吧。

我走进他的书房，墙上挂满了照片，老一点的是有关欧洲的，教堂、穿顶、天空还有威尼斯的河畔，果真像莱纳说的那样妩媚，迷人。还有一些新的照片，却是有关东方的了，日本精致的庭院，小巧的拱桥，和服的下摆下露出一点点木屐。书房的书桌下放满的看上去就很沉重的摄影材料。大概是新增的吧。

墙上挂着我从没有看见过的证书。

他大概是事业走上正轨了吧，作为一个摄影师的事业。

看着满是积灰的房间一点点变得干净起来，我突然觉得有点撑，可是明明已经那么久没有吃过东西了。

是的，我是一台吸尘器。

我在桌角旁边看见了一只水壶，很大很漂亮，盖子打开着，里面源源不断地冒出水的热气。

感觉到了我的注视，他看了我一眼，满满的明媚："你好。"

莱纳也是一只水壶。我总是忘记这一点。

五

我慢慢地回到我原来一直待着的位置，不出所料，莱纳被吵醒了。

"托马，现在感觉怎么样？"他热情地问着。

"不会再差了。"我诚实地说到——知道自己是被取代才被抛弃一定会更难受。

"哦，你还好吗？"黑暗里他的声音有点担心。

——我一直以为他是和他性格一样热烈的红色。

不知为什么，我总觉得他今天的声音更加苍老了，或许是今天格外的安静？他说话的时候满是内胆和外壁碰撞的声音，这让我感到恐惧。

"……嗯，不过是太久没有工作了而已。"

"那就好。"他真挚的声音恢复了安心和笑意。

"莱纳。"

"嗯？"

"你为什么会如此像一个人？"丝毫没有物品的冰冷和沉静，满脑子的热烈。

"大概是因为和他在一起待得太久了吧。"

还不如说是你的世界只有他，我在心里默默地想。

"今天来聊些什么？"

"文艺复兴怎么样？"

"好。"

六

我意识到自己的寿命比较长是在这个储物室渐渐没有声音开始的。

储物室里的东西很多，大部分都是不再会重见天日的废品了，我因为个头太大，又不怎么会被用到而例外地放在这里，我的沉默成了习惯，直到莱纳来到这里。

我感受着这里的黑暗和沉闷的空气。我不想想象莱纳的离开，即使知道这件事早晚会发生，现在已经中午了。

"早上好，托马。"

莱纳最近醒得越来越晚了，不过我并不想让他知道这件事。

"早上好。我等着你给我讲故事呢。"

"啊，是嘛，今天想听一些关于什么的故事？"

"大海吧，我从来没有见过大海。"

"啊，那确实是美到了极致。这让我想起了许多事情，许多故事。有关于爱琴海，索马里海盗，墨西哥海岸……"

我一言不发地静静听着，听着他杂音渐重的声音。想起了那天第一次看见他被光亮照亮的全貌。

——我一直以为他应该是热烈的红色，却没想到那天被照亮的时候被他悲伤的蓝色震惊到心坎里去了。

是极漂亮的，不过已经伤痕累累，许多地方被撞出了大小不一的坑，他安静而脆弱地沉睡在储物室的一角。

"大海是我见过最宽阔，最让人着迷的东西，我觉得她比阳光更加能温暖人心。"

"嗯。"

"你见过天空吗?"

"透过窗户看到过。"

"海就是倒过来的天，不过更加深邃。"

"美极了。"

"谢谢你，托马。"

"嗯?"

"一直以来愿意陪着听我说这样无聊的故事。有关于我的也好，他的也好，欧洲的也好，我知道你并不感兴趣，我讲的也并不好。"

我不知道该说什么，总觉得事情已经在向超出我想象的方面发展。

"他能成为一个摄影师我很高兴，他一定也很幸福。我毕竟只是一个水杯而已啊，还是一个已经走到暮年的水杯。"他笑了笑。

"可是他毕竟是我的一生。"

"我的一生里毕竟只有他和欧洲还有这些故事。谢谢你，托马。愿意听我讲故事。"

七

大概是在五个多月以后我再一次听到了声音，是一件新住进来的旧围巾，看起来冰冰凉的闲人勿近。

"嘿，朋友，我叫托马。我可以叫你莱纳吗？"

围巾懒洋洋地看我一眼，小声地应了一声。

"愿意听我讲一个故事吗？不，有许多故事，有关于大海和欧洲。"

——我并非不知道亚瑟的结局，我爱讲故事，因为只有在我的故事里我才能好好地让每一个人在一起。我喜欢那种幸福的感觉，就像是被温暖的水填满了一样。

我自顾自地讲着不同的故事，静静地感受着躺在我身边莱纳的身体，他已经五个月没有出声了。

再见，我的朋友。

周子辰
市北中学

在 S 城的时候，我认识了一个人。他是这个故事的主角。那时候我刚来到 S 城，找到一间房子准备开始打拼。他就是我的室友。

我们两个属于同一个弱势群体，被称为"蚁族"的那类。我们蜗居的房子，只有两张床，一个桌。墙壁上要么是长霉，要么就是小强之流横行霸道。我当时分析过"家徒四壁"这个成语，得出一个惊世骇俗的结论，那就是这个成语简直是在扯淡，我们如此之穷，而这个所谓的房子里也没有一块墙壁为我们所独有，还有隔壁房间同病相怜的蚂蚁与我们分享，所以我们穷得连墙壁都没有。这间房子本来就是由一个整化为几个零的，我们所居住的，也就只是一间隔出来的房罢了，但是房子读起来让人心里比较爽快，于是我们乐意这么称呼，权当最后一丝心理安慰。房间中剩余的空间只容得下一人站立，所以必然有一个人站起来，千千万万个人倒下这种剧情存在。我记得沈从文写给巴金的信中有说到这么一件事，他家的书桌，只能有一个人使用，当他工作的时候，他的妻子就要睡觉，他睡觉，妻子就得半夜起床忙活。现在的情形何其相似，我说给他听，他好像什么都不知道，也什么都不说，他的心思弥漫在空气中，但是无色无味，我决然嗅不到。

这样的事发生过多次，从而我得出了两个结论：1. 这是一个沉默寡言的人，一般沉默寡言的人不是白痴，就是高深莫测；2. 他是前者。

虽然他的话少，但是基本情况还是与我说了一些。他是一个白领，离家打拼，工资微薄，有过一个女朋友。此外我再无他的信息，说我对他的了解是一张白纸也不对，但是与白纸也别无差异。他于我应该只是沾了几滴墨迹的白纸，仅此而已。

我只身一人离家打拼来到 S 城，只为了一个成为作家的梦想。虽然父母不同意，但是我还是来到了这里，一个有韵味的城市。平时我几乎不下床，只是拿着笔记本在键盘上"哒哒哒"地敲打，把自己心血敲打在屏幕之上，他有时候也会在我写的时候过来看看，点头摇头我都习以为常。投稿后赚得稿费买几瓶酒，与他同饮，花光再写。虽说看上去像是浑浑噩噩的日子，我也是整天邋里邋遢吊儿郎当的样子，但是我"蓄谋"一部长篇小说已经很久了。这必定是一部让读者见之犹如鬼神的巨作，我坚信着这一点，但我并没有具体的思路，这使我的坚信看上去毫无理由。毫无理由的事情就是要去做，做完了你就知道理由了，这是我年轻时候的想法。

他每天早出晚归，回家后洗洗澡，打开电脑浏览下新闻，看下明天的天气，与他的前女友聊上两句，然后就睡觉了，接着鼾声如雷。每天他对我说过的最多的话便是"晚安"，而此时我往往拿着笔记本不知在干什么。

他听说我来自另一个大城市，在我刚来的前几天晚上天天都来询问我关于那里的事情。我一开始很热情，滔滔不绝地诉说，但是他也只是点头摇头点头摇头，似乎没有兴趣。怪事，我想，于是我便拒绝告诉他那里的事，而他也没有再问过。

他的前女友我也见过，不是十分漂亮的那种，但是看得出心气很高。她叫抚子，好像是自己改名的，取"大和抚子"之意。的确是才华横溢，但大概是让人望而却步，所以他们两个一个落魄，一个狂气，最后竟然能彼此爱慕，真是一件奇事。不过也大概是看出了他的落魄，然后两人分开。前后加起来好像并没有超过两个星期，两个人还是维持着很好的关系。他还喜欢抚子，这是毋庸置疑的，好几个晚上他在聊天的时候突然急匆匆地向我借钱，然后跑出去买东西，过了几个小时才回来。有时候是很寒冷的冬夜，他跑回来时竟然满头都是汗。我问他去干什么了，他回答说抚子生病了，送她去医院。然后他倒头就睡，竟然一夜无眠，嘴巴里叽里呱啦一大堆胡话，我从未见他脸如此红过，即使我灌了他好几瓶白酒他也从未如此失态过。剧情转变为我送他去了医院，四十度的高烧，他休息了一个星期。我能想象一个大老爷们在冰天雪地中死命奔跑的身影，嘴里呼出一路的"傻气"，他就像根烟囱在排气，排出他的热量，但是在这样一个寒冷的冬夜他还是被榨干了能量，于是倒下，排不出气了。休息期间抚子一次问候也没有，应该并不知情。

那应该是我与他距离最近的一次，纵使他在这期间什么也没有对我说过。只是他在呓语中一直握着我的手，手心很热，温度很高，但传达给我的信息绝不是那种发烧的虚弱，更像是一种愤怒。我没见过他愤怒，他对我的表情只有一种，那就是目无表情，而现在他竟然在给我传达信息，这是第一次，不想也是最后一次。

我写过很多东西，都给他看过。当然，第一时间也只有给他看，再也没有其他人想看。我期待他的回复，而他每次都是点头摇头，再郑重其事地双手把笔记本递还给我，好像捧着掌上明珠。每每有这样的动作我都会想笑。我觉得他什么都不懂，却总在我写的时候点头摇头，写完点头摇头。点头摇头点头摇头，机械重复这个动作而已，其实到底怎么样，他心里没有数吧？

我这样想着，又想起他每天的生活。千篇一律，虽然用上这个词本身就千篇一律，但我不得不说，真的只是千篇一律。没有特点，就是上班，回家，打开电脑做事，睡觉，双休日省了前两个步骤而已。然后我突然惊觉我并不适合住在这里，毕竟我是个有梦想的人，而蜗居在此的人大都和他一样，千篇一律，就像蚂蚁，觅食、搬回、分享、休息。然而我不是蚂蚁，就算是，也是一只有生命的蚂蚁，因为我有梦想，我想成为作家。

从此我就对他敬而远之，不想发生近墨者黑这样的悲剧。我的作品不再给他看，他在的时候我就睡觉，等他一休息我就开始工作。我装睡但是他仍然每天对我说晚安，时间久了，每每到了这个时候我鼻子都会有些酸。但是不行，我不能靠近他们，我要出淤泥而不染，最好淤泥都没有。干干净净清清白白，这最好。

他发现了我的异常，什么也没说。有什么好说呢？他本来话就不多，就这么孤单一人，或许他本来就是一个人，并且注定要一个人，所以他习惯，甚至喜欢。在他死之前最后一段时间里，我都没有和他再说过话，这让我感到后悔。因为我并没有感到他的变化，我或许可以挽救他，又或许不可以，但我什么也没做并且疏远他，那结果只有不可以这一种。

而且在那段时间里，我谈了恋爱。十分不幸的是，与我相恋的是抚子。虽然她心气很高，很少有人她能看得上眼，但我竟然不是其中一个。不过我也有相应的自信，毕竟我不是那么落魄，在与她相恋之后我也找回了曾经在奢华城市生活过的气质，当然我也富有才华，所以两个人情投意合，两情相悦，不难理解。

于是他的举动我很少知晓了，我经常不在家，有时就在抚子那里过夜。当然抚子也不再与他聊天。而他平常的表情没有什么变化，依旧是目无表情。

他上吊自杀了，给这个故事带来一个高潮。前一天晚上，我到抚子家中，察觉了抚子的异样，但是我并没有多问。我不会想到他自杀，他一直目无表情，隐藏太深，待我回到家中，他已经死亡，生命之花平凡地，普普通通地枯竭了，被上帝招了回去，而把隐藏起来的他展现在我的面前。

我找到了他的日记本。奇怪，我从不知道他有写日记的习惯。但是我不知道他的事太多了，我甚至不知道他的名字，但我却知道他前女友的名字。真是怪事，我不知道他的名字，却从不感到突兀，从不觉得奇怪，本身就是一件怪事，以致于我现在诉说这个故事的时候，只有用人称"他"来代替。

翻开笔记本，我看到了他清秀的字迹。我也不知道他的字迹如此清秀！但该存在的事必然存在，毫无理由的事情发生了你才知道理由。他的日记偏偏让我啧啧称道，其中笔墨的用法，力道，恰到好处，浑然天成。从他的叙述中我知道了他，他曾经也是个文艺青年，十分贫穷，想外出打拼，从我那个城市来到这里，曾以写东西为生，写得稿费与室友买酒喝，室友看到他的文章只是点头摇头。谈了女友，嫌弃他是个文人，同时父母反对。女友和人跑了，嫁给了有钱人。从此努力工作，努力赚钱，但是由于性格问题，得罪很多人，于是变得沉默寡言，也再也不碰笔，除了写日记。岁月磨平了他的棱角，他变得老成，除了干活睡觉，只是打开电脑。他喜欢抚子，但是并没有显露自己的才华，所以抚子以为他是粗人抛弃了他。与我相处甚是融洽，对我的作品也很是欣赏，肯点头摇头，但不肯多说一句，想让我自己成长。然而与他投机的我疏远了他，抚子与我相恋。我不问他的琐事，工作又不顺利，回想前半生，突然当年的个性涌了上来。死！那就去死吧。乌托邦桃花源并不存在，成为作家的梦想终究只是梦想。为了心爱的人改变自己，又被别人所抛弃。"岁月会磨平每个人的棱角，并不只是我而已。"他写道，"梦想？什么是梦想，这种东西应该戒了。这种东西会使你痴迷，让你不顾一切，然后让你落魄。感情也是。所以戒了吧，现实就是现实，上个世纪，这个世纪，下个世纪，桃花源永不存在。"

我感到茫然，不知所措。这时抚子给我打了电话。"我去美国结婚了。"她说。然后挂了电话，我回拨过去，再也没人接听。"来，接过我的接力棒。"他在我面前，迷离地开了口。"好的。"我伸出手，接过接力棒。

这件事过去后，我变得沉默寡言，宿舍搬进了新的人，整天捧着笔记本写文章，也让我看，而我只是点头摇头。我不再碰笔，除了写日记，写了这个故事。我开始工作，回家，打开电脑做事，睡觉。

后来有一天我又翻开了那本日记本。记忆中厚厚的日记却没有了。只有最后一页有清秀的字。第一行写着："来，我给你讲个故事。"而第二行只有一个字。"我。"并且有个句号。

这个故事是完了吧。但是下个故事呢。我已分不清我是谁了，我也分不清我在哪里，我或许在桃花源，自己描绘的桃花源，只有我在的桃花源。我们不能说这不是桃花源，但总有一天，将不再是。

"来，我给你讲个故事。"我对新来的文艺青年说，但是并没有说下去。我给他写了一个字"我"，他好像把我当成了神经病。

图书在版编目（CIP）数据

我把诺奖颁给你：第一届黑马星期六上海文学新秀选拔赛获奖作品选.上/零杂志编.一上海：上海人民出版社，2015

ISBN 978-7-208-13149-1

Ⅰ.①我… Ⅱ.①零… Ⅲ.①作文-中学-选集
Ⅳ.①H194.5

中国版本图书馆 CIP 数据核字(2015)第 155198 号

出 品 人　邵　敏
责任编辑　陈　蔡
封面装帧　钟　颖

世纪文睿出品
Century Literature

我把诺奖颁给你(上)
零杂志 编

出　　　版　世纪出版集团 上海人民出版社
　　　　　　（200001　上海福建中路 193 号　www.shsjwr.com）
出　　　品　世纪出版股份有限公司上海世纪文睿文化传播分公司
发　　　行　世纪出版股份有限公司发行中心
印　　　刷　上海商务联西印刷有限公司
开　　　本　889×1240　1/32
印　　　张　11
字　　　数　210 000
版　　　次　2015 年 8 月第 1 版
印　　　次　2015 年 8 月第 1 次印刷
ISBN　978-7-208-13149-1/H·85
定　　　价　32.00 元